KB259788

내멋대로 공부법

강정희 지음

가나북스

2018년 06월 20일 초판 발행
지은이 강정희
일러스트 한유경
펴낸이 배수현
디자인 유재헌
홍보 배예영
제작 송재호
펴낸곳 가나북스 www.gnbooks.co.kr
출판등록 제393-2009-12호
전 화 031-408-8811(代)
팩 스 031-501-8811
ISBN 979-11-86562-84-0(13190)

- 가격은 뒤 표지에 있습니다.

- 잘못된 책은 구입하신 곳에서 교환해 드립니다.

- 원고 투고 이메일: sh119man@naver.com

> *"Don't be discouraged.*
> *It's often the last key in the bunch that opens the lock."*
> *"실망하지 마라, 종종 문을 여는 것은 꾸러미의 마지막 열쇠이다."*
> *– 미상*

자녀 교육에 혁명이 필요하다

나는 자녀 교육에 혁명을 바란다.

큰 아이가 서울대 의대 합격이라는 기쁨을 안겨 주었다.

4년 후 또다시 작은딸이 서울대 경영학과에 입학했다.

나는 서울대를 목표로 아이들을 교육하지 않았다.

물가가 세계에서 비싼 곳 중의 하나인 홍콩이란 도시에 살게 됐다.

정해진 생활비로 아이들 사교육은 엄두도 낼 수 없는 상황에서 사교육은 나에게 사치였다. 그렇다고 영어도 모르는 아이들을 그냥 팽개쳐 놓을 수도 없었다. 이런 것들이 나를 자극했고 왠지 모를 악이 마음속에서 올라왔다.

"그래 아주 작은 비용으로 사교육 하는 아이들에게 뒤지지 않는 교육을 해야지."

라고 마음먹었다.

나름대로 교육 방법을 생각하고 찾으면서 실행에 옮겼다. 아이들이 좋은 결과에 도달하게 되면 내가 했던 노하우를 책으로 내야겠다는 마음도 갖게 됐다. 나처럼 평범하고, 금전적 여유가 되지 않는 부모님들에게 용기와 믿음을 갖게 하고 싶었다.

내 멋대로 공부법

나는 내가 실천했던 공부 방법을 "내 멋대로 공부법"이라고 부른다.

내 멋대로 공부법의 좋은 점 5가지

1. 사교육보다 비용이 엄청 적게 든다.

2. 부모가 희생할 필요가 없다.

3. 아이들이 행복해한다.

4. 실패할 이유가 적다.

5. 독립적이고, 열정을 가진다.

영어도 모른 채 학교 다니는 큰애를 방과 후 놀이터에 데리고 가서 실컷 놀게 했다.

한국어도 제대로 못 하는 둘째를 로컬유치원에 보냈다.

(물론 광동어를 할 줄 몰랐다)

무슨 배짱이었는지 지금 생각하면···.

아마도 엄마라는 비장한 각오라고 짐작해본다.

주위의 엄마들이 유치원 때부터 여러 가지 사교육을 시킬 때 나는 매일 우리 아이들과 열심히 TV를 보고 컴퓨터로 오락을 하였다.

독자들은 말도 안 되는 일이라고 말할지도 모르지만 사실이다. 이 책에서 컴퓨터와 TV 그리고 미디어를 통해 정말 쉽고 비용 들이지 않는 외국어 공부법들을 소개하려 한다.

한국 교육을 받은 부모가 외국에서 국제학교와 로컬학교를 보내면서 부딪치는 문제들을 대처하고 실패하는 과정에서 독자 스스로 자녀 공부에 대한 비전을 세우고 해결의 실마리를 찾는 계기가 되기를 바란다.

사교육이 문제가 되지 않는 교육환경이 가능하다는 사실을 보여줌으로 자녀교육에 희망의 메시지를 전달하려 한다.

큰 아이는 영어, 보통화를 하고, 서울대 의대에 합격했다. 작은 아이는 영어, 보통화, 광동어를 하고 서울대 경영학과에 입학했다.

이 책은 크게 "내 멋대로 공부법"과 "서울대에 입학하기까지의 경험"을 구체적으로 소개했다.

자녀 교육을 어떻게 시작해야 할지 모르는 예비 부모, 외국어 교육에 관심이 많은 유치원, 초등학교 학부모, 사교육을 시키고 있으나 효과를 보지 못한 부모, 자녀가 공부와 친해지길 바라는 부모에게 이 책이 기본서가 되리라 확신한다.

내가 우리 아이들에게 했던 것이 최선이라고 말할 수는 없지만, 누군가에게 도움이 되었다면 정말 기쁘겠다. 자녀 교육에 정답이란 없지만, 관심을 가지고 지켜본다면 우리가 기대하는 것보다 더 큰 열매를 맺을 수 있다.

이 책을 읽는 독자 여러분은 이미 좋은 부모로서의 첫걸음을 시작하고 있다.

목차

I SEE
I LIKE

Part 01

내 멋대로
공부법으로
두 아이
서울대 보내다

교육은 도덕과 지혜의 두 기반 위에 서지 않으면 안 된다.

도덕은 미덕을 받들기 위해서이고,

지혜는 남의 악덕에서 자기를 지키기 위해서이다.

— S. R. N 샹포르 —

Chapter 01

첫째 아이 좌충우돌 교육하기

"싼 비행기 표 있으면 보스턴에서 같이 며칠 보내자."

"호텔이랑 밥값은 내가 내잖아"

"가격 한번 알아볼게"

"너무 비싸다."

"야근 당직 끝나면 너무 힘들어 ㅠㅠ"

"6월 말에 보스턴 못 와 언니?"

"비행기가 너무 비싸"

"헐"

"다음에 가지 뭐"

"언니 그때 쉴 때 뭐 할 거 없으면 와 ㅏㅏㅏ"

"안댕 ㅜㅜㅜ"

"여기 와서 편하게 쉬어"

"같이 보내자"

"날씨도 좋고"

"언니 맛있는 것 많이 사줄게."

동생은 영국에 있는 언니가 병원 쉬는 날 보스턴에 와서 함께 지내자고 계속해서 설득했다. 언니는 본과 4학년 때 보스턴에 있는 하버드대학 병원에서 한 달간 의대 실습(medical elective)을 했다. 보스턴에 꼭 가야 할 이유는 없었다. 동생이 오라고 졸랐지만 비행기 표가 부담되었다.

큰딸은 4개월에 한 번씩 일하는 부서가 바뀐다. 휴가는 스케줄이 바뀔 때마다 알 수 있는데, 작은 아이 보스턴 출장 때 큰아이도 휴가였다. 의사 생활 3년 차에 접어들었지만, 경제적으로 넉넉하지 못해서 망설이는 큰 아이가 안쓰러웠다. 둘이서 함께 할 기회였지만 돈이 문제였다.

작은 아이는 대학을 졸업하기 전에 홍콩에서 미국에 본사가 있는 규모가 큰 자산운용회사에서 일을 시작했다. 회사 입사 당시 회사에서 가장 어린 나이였다. 21살에 일을 시작해서 3년째에 접어든다.

우리 가족은 카톡방을 만들어 놓고 서로의 일상적인 이야기들을 알려준다. 카톡방에 글이 올라오면 각자 알아서 답을 주고받는다. 때론 카톡을 씹었다고 우는 이모티콘을 보내기도 한다. 카톡방은 가족 방과 각각의 방을 만들어 사적인 말을 주고받는다. 물론 여자아이들이라 엄마와 더 많은 이야기가 오고 간다. 나는 은밀하게 큰 아이와 하는 카톡방에 글을 남겼다. 경비가 부담된다면 엄마가 경비를 대주겠다고 했다. 남편과 둘째는 아직도 우리의 밀담을 알지 못한다. 쉬는 동안 보스턴에서 동생과 함께 지내는 것이 어떠냐고 운을 띄웠다. 앞으로 이런 기회가 또 올지는 알 수가 없다. 기회가 올 때는 기회를 잡아야 한다고 큰아이를 부추겼다. 결국, 큰아이는 보스턴으로 가서 동생과 많은 추억을 만들었다.

아이들이 각자의 전문 분야에서 열심히 일하고 있다. 부모의 도움 없이 독립해서 생활하고 있어 나는 무척이나 기쁘다. 돈을 모으는 것이 중요하지만, 가족의 행복과 돈 둘 중의 하나를 선택해야 할 때는 가족의 행복을 먼저 생각해야 한다고 당부했다.

부모는 멀리서 자녀들이 생활을 잘하고 있는지 바라볼 수 있어야 한다. 자녀들 스스로 결정할 수 있는 삶이 되도록 인내하고 침묵하는 것이 부모의 의무라고 생각한다. 이런 생각들이 큰딸에게 경비를 지원한 이유이다. 두 자매가 보스턴의 찰스강을 거닐며 커피를 마시며 재잘거리는 모습이 눈에 선하다. 나는 젊은 날의 한 추억을 공유할 수 있도록 도움이 되어 기뻤다.

01. A, B, C만 알고 초등학교 입학하다

초등학교 1학년 일기

꽃다발 이벤트

한국에서 운영하던 학원을 정리하고 나는 두 딸과 함께 홍콩행 비행기를 탔다. 홍콩 공항에 도착하고 비행기 밖으로 나오자 홍콩 특유의 진한 냄새와 끈적끈적한 습기가 나를 감쌌다.

큰딸은 만5 세, 둘째 딸은 18개월이었다. 학원 정리 때문에 남편 먼저 홍콩에서 정착하였고 공항에서 우리가 나오기를 기다리고 있었다. 처음 외국에 나오면서 살아야 하는 곳이라 나는 무척이나 설레고, 아이들 신경 쓰느라 정신이 없었다.

그때 남편은 나를 아니 우리 가족을 환영하기 위해 내가 들 수도 없는 엄청나게 큰 장미 꽃다발을 나에게 안겼다. 다정한 남편이었지만 커다란 꽃다발 이벤트는 상상하지 못했다. 그 당시만 해도 홍콩의 공항은 지금의 모습과는 아주 달랐다. 출구를 빠져나오려면 길게 나 있는 통로를 통과해야 했다. 긴 통로 양쪽으로는 마중 나와 있는 많은 사람이 출구로 나오는 사람들을 쳐다보고 있었다. 반가움보다는 많은 사람의 시선에 창피함으로 눈을 들지도 못하고 빠른 걸음으로 공항을 빠져나왔다. 이렇게 우리 가족은 홍콩에서의 생활을 시작했다.

새로운 도전과 첫째의 초등학교 입학

결혼 초부터 집에서 그룹 과외를 하고 있었지만, 수입과는 관계없이 집에서 일한다는 것에 대한 불만이 쌓여오다 결국에는 일을 저지르고 말았다. 둘째를 출산하고 2개월이 지날 때쯤 속셈 학원을 인수하고 온종일 학원에 매달려 생활했다. 몸조리도 제대로 하지 않은 상태에서 온종일 학원에 정신을 쏟다 보니 정작 큰 아이는 방치된 상태였다. 속셈 학원과 놀이방 피아노 학원까지 엄청난 육체노동이었지만 경제적으로 도움이 되지는 않았다.

일이 나를 억누를 때쯤 남편이 외국 지사로 발령이 났다. 나에게는 이곳을 탈출할 수 있는 절호의 기회였다. 그래서 아무런 미련 없이 홍콩으로 오게 되었다. 이런 사정으로 큰 아이는 A, B, C 알파벳만을 겨우 알고 1학년으로 입학하게 되었다.

과연 학교에 잘 적응을 할 수 있을까?

학업을 따라는 갈 수 있을까?

나의 걱정은 아랑곳하지 않고, 학교에 간다는 사실에 큰아이는 마냥 즐거워했다. 아이의 천진난만함은 나를 안심시켰고 위로가 되었다.

학교가 시작한 지 일주일 늦게 남편이 큰딸을 데리고 첫 등교를 했다. 학교에 도착한 학생들은 종이 울리기 전에 교실로 들어갈 수가 없다. 운동장에 있다가 종이 울리면 학급별로 줄을 서서 담임선생님과 함께 교실로 들어간다. 남편은 영어를 전혀 모르는 큰아이를 위해 운동장에서 만난 같은 반 홍콩 아이를 친구로 만들어 주었다. 홍콩 아이에게 모르는 것이 많으니 옆에서 도와주란 부탁도 잊지 않았다. 홍콩 친구는 수업 첫날부터 대학까지 친하게 지냈고 부모들과 동생까지도 친한 사이가 되었다. 우리 집에 놀러 온 첫 번째 큰아이 친구였다. 1년 동안 가장 많이 우리 집에 놀러 왔고, 가장 많이 놀러 간 친구가 되었다.

영어를 알아듣지도 못하는 큰딸이 수업을 어떻게 하고 있을까 걱정했지만, 큰딸은 언제나 즐거운 얼굴이었다. 첫 등교 하는 날부터 우리 아이는 너무 좋아했다. 새로운 환경이지만 잘 적응하고 있었다. 아마도 자유로운 수업 분위기와 책 읽기, 그림 그리기 등 부담을 느끼지 않았던 것 같다. 학교에서 공부 스트레스를 주지 않기 때문에 아마도 놀러 가는 기분이었을 것이다.

영어로 자기 이름도 쓸 줄 모르고 알파벳만 알고 입학했으니 한국으로 말하면 반에서 꼴찌인 셈이다. 언어가 부족한 상태에서 들어오면 보통 별도의 ESL(English as a Second Language) 수업을 받는다. 언어가 어느 정도 수준에 도달할 때까지 하루에 정해진 시간에 ESL반에서 공부해야 한다. 학교에서 부족한 언어를 가르치고 수업에 따라갈 수 있도록 도와준다니 얼마나 반가운 일인가? 비싼 학비를 내고는 있지만 내가 신경 쓰지 않고 학교에서 알아서 챙기고 있어 나는 홀가분했다. 집에서 굳이 비싼 개인지도 선생님을 부를 필요도 없고, 나에게는 반가운 학교의 교육 방법이다.

학교생활 적응기

나는 둘째를 데리고 매일 큰 아이를 마중하기 위해 학교에 가서 기다렸다. 저학년은(3학년까지) 반드시 보호자가 와서 아이를 픽업해야 하기 때문이다. 부모가 아니면 반드시 보호자임을 증명할 수 있는 것을 제시해야 한다. 학교에서 아이를 픽업하지 않을 때는 스쿨버스를 타는데 항상 스쿨 맘이 버스 안에 학생들을 확인하고, 내리는 장소에는 반드시 보호자가 있어야만 학생들을 버스에서 내려준다.

홍콩은 부모나 보호자가 아이들을 방임할 경우 법적으로 문제가 되었다. 보호자는 어린 아동의 신체적, 정서적, 사회적으로 건전한 발달에 필요한 최소한의 보호 및 책임을 완수할 의무를 진다.

20년 전 한국적 사고를 하는 내가 보기에 너무 지나치게 보호한다는 생각이 들었다. 그러나 얼마 못 가서 나도 홍콩 문화에 적응이 되었다. 학교 방학이면 두 아이를 데리고 한국에 와서 운동과 악기 학원에 보냈다. 아이들과 함께 학원에 가서 레슨 하는 동안 밖에서 기다렸다. 홍콩에서는 당연한 일이지만, 이런 나를 보고 친정아버지는 너무 애를 과잉보호한다고 잔소리를 하셨다. 홍콩 문화에 접한 나는 한국에서는 부모가 아이를 너무 방임한다는 생각을 하였다. 사회가 발전할수록 힘이 없거나, 약자에 대한 배려가 선행되는 선진 문화가 기본이 되어야 한다. 예전과 비교하면 아동에 대한 보호와 관리가 점차 강화되어, 지금은 한국도 많은 변화가 일어났고, 더 발전하기를 기대한다.

작은 아이를 유모차에 태우고 첫째를 픽업하기 위해 서둘러 학교에 간다. 수업이 끝날 때까지 아이들을 기다리는 학부모들과 이런저런 이야기를 하면서 시간을 보낸다. 엄마들은 학교 공부에 대해 많은 이야기를 한다. 누구는 ESL을 3개월 만에 나왔느니, 누구는 6개월인데도 아직도 그 반에서 공부 중이라고 걱정 아닌 걱정을 한다. 이야기의 결론은 개인지도 선생님을 붙여서 빨리 그 반을 탈출해야 한다는 것이다.

아이들이 교재로 쓰고 있는 책의 레벨도 중요한 이야기 주제였다.

나는 엄마들의 대화에 말할 처지가 아니었다. 영어 교육은 나에게 생소했기 때문에, 나는 우리 아이 책 레벨에 신경을 쓰지 않았다. ESL반 선생님의 지도에 맡기는 것이 가장 좋은 방법이라고 생각했다. 큰 아이가 더 내려갈 곳이 없다는 사실이 나를 더 느긋하게 만들었을지도 모른다.

공부가 아닌 즐기는 영어

큰아이는 영어를 놀이로 배웠다. 레슨을 받아야 한다는 주위의 권유에 3개월간 영어 레슨을 했다. 일주일에 1시간씩 한 번 하는 레슨이다. 레슨값은 내가 생각하는 것보다 비쌌다. 남편의 일정한 수입으로 레슨을 계속한다는 것은 사치였다. 큰아이는 엄마의 타는 속도 모른 채 선생님과 장난을 치며 시간을 낭비했다. 선생님은 아이와 함께 짧은 책을 읽고 이야기를 하고 있다. 그냥 일상적인 이야기들을 하고 있다. 내가 생각하는 레슨과는 거리가 멀고, 큰 도움이 되지 않는다는 생각을 했다. 레슨비가 비싸다는 것은 레슨을 끝내기 위한 나의 변명이었다. 비슷한 형편의 엄마들이 다 시키는 레슨을 못할 처지는 아니었다. 나 스스로 레슨을 꼭 해야 하느냐는 고민 때문이었다. 비싼 학비를 내고 학교에 다니고 있는데 집에서 레슨을 할 필요가 없다는 생각을 했다. 나는 학교 수업만으로 공부하는 것이 당연하다는 어려운 결정을 하고 레슨을 끊었다. 너무도 원론적인 얘기지만 용기가 필요했다.

나는 아이들의 영어 공부를 위한 여러 가지 방법을 찾아서 실천에 옮기기 시작했다. 우리 아이는 반에서 꼴찌였다. 마냥 즐겁게 공부하고 학교를 좋아하니 나도 만족했다. 학교에서 선생님들이 방과 후 수업을 한다. 물론 공짜다. 여러 가지 수업을 재능 기부로 운영하는 것이다. 이렇게 좋은 수업이 어디 있겠는가. 나는 월요일부터 금요일까지 가능한 수업은 다 참석하게 하였다. 말이 수업이지, 내용은 종이접기, 그림 그리기, 뜨개질, 공놀이 등등 공부와는 거리가 먼 수업들이다.

우선 비용이 들지 않는다.
선생님들이 아이들을 가르친다.
수업이 대부분 놀이로 이루어진다.

새로운 언어를 배우는데 이보다 좋은 사교육이 어디 있겠는가. 즐겁게 참가했다. 영어는 큰 문제가 되지 않는 것 같았다.

나는 용감하게 큰 아이를 학교에 맡겼다. 국제 학교의 교육과정에 대해 아는 것이 없어서 간섭도 비판도 할 처지가 아니었다. 지금처럼 인터넷이 발전되기 전이라 모든 정보는 책이나 말로 전달되는 때였다. 나는 집에서 아이들 영어 공부에 내가 찾아서 실천한 내 멋대로 공부법을 실천하였다. 엄마가 할 수 있는 최선이라 생각하였다. 누구도 가르쳐 주지 않은 새로운 것들을 시도하기 시작했다.

담임 선생님과 힘겨루기.

1학년 담임 선생님과 나는 여러 차례에 걸쳐 노트를 주고받았다. 큰 아이에게 조금이라도 도움을 주기 위해 날마다 모르는 단어를 외울 때까지 노트에 쓰게 하였다. 내가 받은 교육은 모르는 것은 외울 때까지 무조건 쓰는 것이었다. 나는 우리 아이에게도 이 방법을 적용했다. 담임 선생님은 큰아이에게 하지 말라고 말을 한 후 노트에 내가 읽도록 메모를 써놓았다. 선생님의 메모를 읽었지만 왜 그런 말을 하는지 이해가 되지 않았다. 나는 계속해서 큰아이에게 단어를 쓰게 했다. 또다시 담임 선생님은 나에게 메모를 적어 보냈다. 큰아이가 선생님이 "단어 쓰기를 하지 말라고 했어요."라고 말을 해도 신경 쓰지 않았다. 담임 선생님이 얼마나 답답했을까 서너 번 메모를 주던 담임도 포기를 했는지 쪽지가 더는 없었다.

선생님과 면담이 있어 학교에 갔다. 담임 선생님은 나에게 큰아이의 노트를 보여 주면서 단어 쓰기를 하지 말라고 강하게 말했다. 아이에게 전혀 도움이 되는 것이 아니라고 하였다. 담임 선생님과의 면담 후 내키지는 않았지만, 선생님의 의견에 따르기로 했다. 주입식 공부가 필요하단 생각을 하고 있었으나, 그 이후 나는 큰 아이의 학교 공부에는 가능한 관여하지 않았다. 내가 하는 행동은 우리 아이를 위한 것이 아니라 나의 초조함과 걱정에서 비롯되었다는 사실을 깨달았다.

ESL(English as a Second Language)

개인의 영어 실력에 따라 수준별로 학업을 진행한다. 레벨 테스트를 본 후 결과에 따라서 레벨이 결정된다. 레벨에 따른 수업이 진행되고 학생의 개인차에 따라서 공부의 기간이 달라질 수 있다. 처음 영어를 접할 때도 크게 걱정을 할 필요가 없는 이유이다. ESL 선생님의 판단과 테스트 결과에 따라 정규 수업에 들어갈 수 있다. 영어를 제외한 나머지 과목은 정규 수업을 받는다. ESL 과정의 기간이 길고 짧은 것은 내 경험에 의하면 자녀 공부에 큰 영향을 미치지 않는다.

> **첫번째 자녀가 공부를 시작하는 학부모의 태도**
>
> 1. 공부가 스트레스가 되지 않도록 하는 것이 중요하다.
> 2. 초등학교 저학년 공부는 성적에 큰 영향을 미치지 않는다.
> 3. 가정에서 공부할 수 있는 환경을 제공하는 것이 필요하다.
> 4. 저학년의 공부가 자녀에게 부담으로 느껴지면 방법을 수정해야 한다.
> 5. 부모의 조급함을 버려야 자녀가 행복하다.

02. 4학년에서 6학년으로 월반하다

"수업 시간에 말이 너무 없습니다."

"질문도 거의 하질 않아요."

"이전 학교에서는 말이 너무 많다고…."

"면담 때마다 학교 담임선생님이 질문이 너무 많다고 했어요."

"질문 좀 하지 말라고 부탁을 했는데."

"궁금한 것은 무조건 질문을 했거든요."

학교를 옮기고 첫 담임 면담에 뜻밖의 말을 들었다. 너무 활발하고 말이 많아 걱정했었는데 말이 없다니…. 수업 시간에 너무 조용하다고 한다.

학교 이름은 중요하지 않다.

초등학교 입학하고 학교 수업에 잘 적응하고 친구들과도 친해져서 더 신경 쓸 일이 없다고 생각했다. 1학년이 끝날 때쯤 큰아이 친구들이 하나, 둘 전학을 간다. 전학 가는 친구 엄마들의 말은 지금 학교는 한국에서 갓 온 아이들이 계속 들어와서 수업의 질이 떨어진다고 한다. 그래서 좋은 학교로 전학을 시켜야 한다는 것이다. 나에게도 빨리 다른 학교에 원서를 접수하라고 귀띔을 해준다. 첫날 사귄 홍콩 친구 엄마도 나에게 가능한 한 빨리 영국학교에 원서를 접수하라고 재촉을 했다. 자기는 벌써 접수를 하고 기다리는 중이라고 했다. 접수하고 보통 3개월에서 1년 정도의 시간을 기다려야 인터뷰 기회가 온다고 했다.

지금 다니는 학교는 고등학교가 없어 계속 다닐 수는 없다. 언젠가는 나도 아이의 학교를 옮겨야 하는 것은 알고 있다. 하지만 이제 겨우 적응해서 신나게 다니고 있는 아이를 옮길 생각은 없다. 우리 아이 실력으로 전학을 한다 해도 크게 달라질 것은 없었다. 오히려 더 힘든 상황에 놓이게 될 것이다. 내가 생각하는 최선은 지금 다니는 학교에서 충분하게 실력을 갖추고 난 후에 옮기는 것이다. 초등학교가 보통 4학년부터는 공부가 어려워지는 시기이다. 늦어도 4학년 마치고는 전학을 하리라 계획하였다. 실력도 없이 좋은 학교로 전학을 가면 적응도 힘들고 아마 또다시 바닥에서 놀 것이 뻔했기 때문이다.

학년이 올라갈 때마다 큰아이의 친구들이 하나, 둘 전학을 갔다. 4학년이 되었을 때는 우리 아이가 반에서 제일 공부 잘하는 아이가 되었다. 다들 전학을 가서 유일하게 1학년부터 계속 공부한 2명 중한 명이었다. 다들 자녀의 미래를 생각해서 좋은 학교로 전학을 한 것이다. 나는 자녀 미래에 관심이 없는 둔한 엄마가 되었다. 학교의 평판보다는 우리 아이의 실력을 향상할 수 있는 환경이 더 중요하다고 생각한다. 그 당시 나는 학교가 제공하는 모든 것을 우리 아이가 받을 수 있는 곳이 좋은 학교라고 생각했기 때문에 서둘러 전학을 하지 않았다.

보통 한 학기에 2번 1년에 4번 정도 선생님과 면담을 한다. 특별한 경우 면담을 신청해서 하는 경우도 종종 있다. 면담할 때 선생님은 우리 큰애가 수업 중에 질문이 너무 많아서 진도 나가는 것이 어려울 때가 많다고 하신다. 말하는 것을 너무 좋아한다고 좀 줄여 주기를 당부했다. 면담이 끝나면 나는 아이에게 수업 시간에는 꼭 필요한 것만 질문하라고 당부를 하곤 했다.

엄격한 영국계 학교로 전학하다

4학년에서 5학년으로 올라갈 무렵 나는 큰아이 전학을 알아보고 있었다. 한국 아이들이 많이 전학하는 영국계 학교에 원서를 접수했다. 학교에 원서를 접수하고 보통 6개월은 기다려야 하는데 바로 인터뷰 요청이 왔다. 인터뷰를 대비해서 레슨을 받기도 하고, 다양한 준비를 해도 첫 인터뷰에 종종 떨어진다. 나는 오래 기다려야 하는 인터뷰가 빨리 잡혀서 일단 인터뷰를 보기로 했다. 떨어져도 3개월 후 다시 도전한다고 생각하고 준비 없이 본 인터뷰에 큰아이는 합격하였다. 그동안 엄마들이 조금은 과장해서 준비하고 소문을 내는 것 같은 느낌이 들었다.

이전 학교는 자유롭고 개방된 분위기였다. 우리 아이는 자유로운 분위기에 젖어 있었다. 새로 옮긴 영국계 학교는 내가 보아도 규율이 무척 엄격했다. 교복에서부터 행동 하나하나까지 까다로워 보였다. 복도에서 떠들거나, 뛰는 것도 매번 지적했다. 이런 학교 분위기에 큰 아이는 많이 긴장되고 무서웠다고 했다. 수업 시간에 아는 것도 손을 들고 말하지 못했다고 했다. 너무 말이 많던 아이가 갑자기 벙어리가 된 것 같은 생각이 들었다. 나름 심리적으로 많이 힘이 들었단 생각이 든다.

생년월일 때문에 4학년을 마치고 6학년으로 들어갔다. 5학년을 건너뛰고 6학년으로 전학을 하면서 학교의 규율도 엄하고, 수업도 어려워 첫째는 겁을 먹고 있었다.

수준별 수업

다른 과목들은 크게 문제가 되지 않았다. 전학하자마자 수학반을 정하기 위해 치른 수학 시험이 문제였다. 5학년 수학은 배우지 않아서 답을 쓰지 못하였다고 했다. 수학은 5단계로 반을 나누는데 우리 아이는 마지막 단계인 E반으로 배정이 되었다. 새로운 환경에다 자신감에 넘치던 공부가 갑자기 어려움에 부딪힌 것이다. 이런 이유로 말 많던 아이가 갑자기 말수가 적어지고 자신감을 잃어버린 것이다. 나는 큰아이를 위해 특별한 노력은 하지 않았다. 5학년을 건너뛰었으니 당연한 결과라고 생각했다. 나는 큰 아이가 적응할 때까지 시간이 필요하다는 것을 알고 있다. 6학년 2학기에는 수학반도 올라가고 전체적으로 잘 적응하고 있었다.

아이들은 어른이 생각하는 것보다 환경에 나름 잘 적응하고 있다. 어른의 관점에서 부족해 보이는 것이 많아 항상 문제가 되는 것이다. 지나친 관심은 아이들을 힘들게 만들고 자신감을 잃어버리게 만드는 원인이 된다.

내가 주위 사람들의 말에 신경을 썼다면 우리 아이는 새로운 환경에서 힘든 시간을 보냈을 것이다. 자녀 교육의 성공은 엄마의 건강한 정신을 바탕으로 시작한다. 엄마 주위의 사람들이 하는 말로 인해서 자신의 자녀가 힘들어할 수 있다는 사실을 알아차리지 못하는 경우를 종종 본다.

자녀에 대한 부모의 마음가짐

1, 자녀를 신뢰하고 기다려라.
2, 자녀를 위하는 진정한 선택을 해라.
3, 지나친 간섭보다는 무관심이 더 좋은 결과를 가져온다.
4, 부모가 먼저 강한 정신을 가져야 한다.

03, 학생회와 연합오케스트라

　큰아이가 초등학교에 다니면서 영어는 학교에서 지도하는 대로 따라가기로 했다. 집에서는 내가 할 교육방법을 찾아서 지도했다. 남편과 나는 악기를 다룰 줄 모른다. 누군가가 악기를 연주할 때면 부러운 눈을하고 쳐다본다. 오래전부터 우리 부부는 아이에게 악기를 가르칠 거라 마음먹고 있었다.

　악기에 대해 나와 남편의 로망은 아이들에게 피아노와 바이올린을 배우게 했다. 그 당시에는 바이올린을 가르치는 학원이 많지 않았다. 집 주변에는 가르치는 곳이 없었다. 둘째를 유모차에 태우고 일주일에 한 번 큰아이 바이올린 레슨을 받으러 '침사쵸이'이에 간다. '침사쵸이'는 홍콩의 '구룡반도'에 있는 가장 오래된 번화가이다. 홍콩에서 악기 레슨은 주로 악기점에서 받는다. 지역마다 악기점은 있으나 악기를 가르치는 선생님들이 많지가 않아서 어쩔 수 없이 나는 아이들을 데리고 '침사쵸이'로 가야만 했다. 학교가 끝나고 집에 와서 학원을 가기 위해 준비를 마치면 직장 퇴근 시간과 겹쳐진다. 한국과 비교하면 이른 퇴근 시간이다. 홍콩은 정확하게 5시에서 6시 사이 칼퇴근이 시작된다. 나는 유모차에 둘째를 태우고 바이올린을 든 첫째를 데리고 비좁은 지하철에 올라탄다. 퇴근 인파에 떠밀리면서 이동을 한다. 다행스러운 것은 지하철 안에서 남자들이 서로 몸에 닿지 않도록 조심을 하고 있어 안심되었다. 한국의 지하철에서 남자들이 흔들리는 인파에 몸을 맡기면 안간힘을 쓰고 자리를 피했던 기억들과는 다른 경험이었다.

바이올린 레슨

일주일에 한 번 있는 바이올린 레슨은 30분씩이다. 집에서 레슨 선생님을 불러 배울 수 있지만, 비용에 민감한 나는 집으로 선생님을 부를 수가 없었다. 가장 저렴한 방법은 아이를 데리고 학원으로 가는 것이다. 선생님에게 양해를 구하고 나는 레슨 교실에 함께 들어갔다. 선생님에게는 영어가 서툴러서 도와주어야 한다는 핑계를 댔다. 성격이 밝은 큰아이는 이야기하는 것을 좋아해서, 레슨 시간에 학교에서 있었던 일을 선생님에게 얘기하곤 한다. 나는 조금 떨어진 자리에서 얼굴에 미소를 띠면서 한국말로 큰아이를 협박한다.

"말하지 말고 빨리 연습해라"

"노래 2곡은 배워야 해"

"끝나고 햄버거 먹으려면 열심히 해야지"

"자꾸 말하면 끝나고 야단맞는다."

부드러운 목소리로 웃으면서 큰아이에게 야단을 친다. 내가 매번 웃으면서 하는 말이 궁금했는지 선생님은 큰아이에게 엄마가 무슨 말을 했는지 물어본다.

"엄마가 노래 두 곡을 배워야 한다고 해요"

"레슨 시간에는 말하지 말라고요"

"시간이 아깝다고요"

"계속 말하면 혼난다고…."

내가 웃으면서 야단친 것을 선생님에게 영어로 통역을 한다. 선생님에게 말하지 말라고 당부한 것까지도 다 말해 버린다. 조금은 당황스럽지만 힘들게 와서 레슨 시간을 수다로 낭비하는 것이 나는 안타까웠다.

전학한 영국계 학교는 오케스트라 활동이 활발했다. 큰아이는 바로 오케스트라에 가입하고 연습에 열심히 참석했다. 초등학교에서는 학교 행사나 크리스마스에 발표회를 한다. 학교 행사의 한 모퉁이에는 항상 오케스트라 연주가 있었다. 매주 학교에서 오케스트라 연습이 있고, 행사가 있을 때는 연습량이 많아진다. 오케스트라에서 연주하는 곡은 언제나 최신의 유행하는 것을 선정했다. 연주하는 아이들이나 감상하는 어른들이 함께 흥얼거릴 수 있는 음악들이다. 오케스트라는 매년 새롭고 흥미로운 곡을 연주한다. 매번 연주회가 있을 때는 온 가족이 함께 참석해서 연주를 감상한다.

ESF 연합 오케스트라

중. 고등학교에서도 학교 오케스트라에서 활동하였다. 학교 오케스트라에서 활동하고 선생님과 학생이 함께 연주하는 스트링 쿼터(String Quarter)에서도 활동했다. 고학년으로 구성된 시니어(Senior) 오케스트라에서도 활동했다. ESF(English School Foundation)는 홍콩에 있는 22개의 영국계 학교를 말한다. 홍콩에 있는 ESF 연합 오케스트라는 실기 면접을 통과해야 들어갈 수가 있다. 자유곡 2개를 연주해야 한다. ESF 연합 오케스트라에서 활동하면 많은 시간 다른 학교에 가서 연습한다. ESF 연합 오케스트라는 매년 시티 홀에서 연합연주회를 한다. 연주회 준비를 위해 연습에 들어가면 방과 후 연습하는 학교로 간다. 연습이 끝나고 집에 돌아오면 늦은 저녁 시간이 된다. 저녁도 제대로 먹지 못하고 무거운 바이올린을 들고서 대중교통을 이용해서 집에 오면 거의 녹초가 되어 있다. 학교에서 중요한 시험이 있어도 매번 연습에 참여해야 했다. 음악 활동에 적극적으로 활동을 하다 보면 보통 일주일에 바이올린을 3일에서 4일은 가지고 학교에 가야 했다.

한국식 피아노 레슨

첫째가 2학년일 때 피아노는 한국식으로 하는 것이 좋다는 생각을 했다. 한국 피아노 선생님을 찾아서 피아노 레슨을 시작했다. 일주일에 한 번 1시간씩 한국식으로 레슨을 시켰다. 아쉬운 것은 선생님이 집에 오는 것이 아니라 선생님 집으로 큰 아이가 가는 것이다. 몇 개월 레슨을 하면서 큰 아이가 피아노 선생님을 무서워한다는 것을 알았다.

" 피아노 선생님이 엄청 무서워요. "

" 한국 스타일이야. "

" 한국에서는 선생님들이 무섭게 가르쳐. "

" 엄마 피아노 레슨 끊으면 안 돼요. "

" 안 돼, 피아노는 중학교 들어가기 전까지는 엄마 말대로 해야 해. "

" 중학교부터는 네가 하고 싶은 대로 해도 돼. "

여러 차례 큰 아이는 피아노 선생님이 무섭다고 했다. 아이가 말하는 것을 나는 흘려들었다. 한국식으로 꼼꼼하게 가르친다고 생각했다. 시간이 지날수록 큰 아이는 피아노에 대한 흥미를 잃어갔다. 심지어는 피아노 레슨을 가지 않겠다고 했다. 나는 큰 아이에게 왜 레슨을 하지 않으려고 하는지 물어보았다.

"내가 피아노 칠 때 틀린 건반을 누르면⋯."

"선생님이 자로 내 손등을 때려요. "

" 숙제하지 않아도 때리고요. "

" 손등 때리는 것이 무서워요. "

" 말도 큰소리로 무섭게 하고요. "

한국 피아노 선생님의 교육 방식은 우리가 어렸을 때 받았던 그대로였다. 잘못 하면 야단을 치고, 또 틀리면 손등을 때리면서 교육하는 것이다. 무조건 반복 연습하게 강요하고 숙제도 반복한 것을 체크하는 것이다.

강압적인 교육 방식은 큰 아이가 피아노 치는 것을 멀리하게 했다. 아이를 위해 시작했던 것이 오히려 아이의 흥미를 뺏어 버렸다. 짧은 시간에 많은 것을 배우게 하고 더 좋은 결과를 빨리 얻으려는 나의 계획은 실패였다.

어른들이 생각하는 교육 방식은 어린 자녀들에게는 큰 상처가 될 수도 있다는 사실을 깨달았다. 나는 큰 아이의 한국 선생님 피아노 레슨을 끊고, 홍콩 레슨 선생님을 소개받았다. 너무도 친절하고 젠틀한 남자 선생님이었다. 큰아이도 선생님을 좋아했다. 숙제도 별로 내주지 않았다. 숙제하지 않아도 별로 나무라지도 않았다. 레슨 교재는 우리가 이미 알고 있는 유명한 작곡가들의 음악이다. 클래식을 잘 모르는 나도 다 알고 있는 그런 음악들을 쉽게 편곡한 곡들을 가지고 레슨을 한다. 손가락 기술을 반복 연습하는 그런 레슨이 아니다. 음악에 대한 흥미와 호기심을 자극하는 교육이란 생각이 들었다. 너무도 느리고 짧은 레슨이지만 아이는 너무도 좋아하는 수업이었다.

우리 어른들은 무한한 잠재력을 가진 자녀들을 부모의 무지와 고집으로 열정과 미래를 무너뜨리곤 한다. 모든 계획이 자녀를 위한다고 하면서 사실은 어른의 열정에서 나온 아집일 수 있기 때문이다.

총학생회 회장단

학교 공부에 소홀하지 않고 과외 활동을 한다는 것은 공부 외에 많은 시간을 써야만 한다. 첫째는 성실하게 생활하고 최선을 다해 과제를 완성할 뿐만 아니라, 시험성적도 좋아서 선생님들이 칭찬을 아끼지 않았다. 고등학교 2학년 때는 총학생회 회장단으로 활동했다. 학교에서 임원을 하면 임원으로 해야 하는 일 외에 꼭 채워야 하는 봉사 시간이 있다. 고등학교 1학년 때 봉사 시간을 채워야 2학년이 되었을 때 학생회 멤버가 될 기회가 생긴다. 학생회 멤버 중에서 총학생회 회장단이 선출된다.

학교의 모든 행사는 총학생회 학생들이 참여하고, 봉사한다. 보통 행사는 저녁 시간에 많이 있다. 중학교 학부모회, 고등학교 학부모회, 선생님 면담, 바자회, 입학 설명회, 입시설명회, 크리스마스 연주회, 발표회 등등 많은 행사가 있다. 학생회에서는 학부형을 위한 다과 준비, 인쇄물 준비, 참가자 확인과 주차 정리, 그리고 안내 등의 봉사를 자율적으로 계획한다. 행사가 끝나고 모든 것을 정리하고 마무리까지 한 후에 집으로 돌아온다. 행사가 있는 날은 보통 10시가 넘어서 도착한다. 학교 성적이 좋고 다양한 활동을 하는 아이들은 많은 시간을 이런 식으로 보낸다. 한국에서처럼 공부만 하는 것이 아니다.

총학생회 회장단은 3명으로 구성되고 학년마다 일정한 수의 학생들이 임원으로 활동을 한다. 총학생회 회장단은 후보자 중에서 직접 선거를 통해 선출한다. 후보로 유세를 하기도 하고 나름 연합을 하고 선거 운동을 도와주기도 하면서 권리와 책임을 배운다. 작은 사회의 정치를 하면서 연합해서 선거 유세를 하고 전략을 짜면서 민주주의의 기초를 배우는 것이다. 선의의 경쟁을 통해 실패와 성공의 기쁨과 좌절도 경험을 통해 배울 수 있다. 총학생회 회장단의 선출은 매년 조금씩 다르게 운영되고 있다.

총학생회 회장단으로 대학 입시를 앞두고 공부에 매달리는 친구들을 보면서도 자신의 의무를 다하는 큰아이를 볼 때면 대견스럽다. 입시 준비를 위해 공부에 전념하는 한국 고등학교 학생들과는 거리가 먼 생활이다. 지식적으로 조금 낮은 점수를 얻는다 하여도 더 큰 배움을 얻었다고 확신한다.

학교 임원으로 활동하는 것은 철저한 자기 관리가 필요하다. 총학생회 활동은 많은 시간을 낭비하였지만, 행사를 계획하고 진행하고 마무리하는 과정에서 많은 것을 얻었다고 생각한다. 학창 시절에 밤늦게까지 봉사하는 것을 볼 때면 안타까웠지만 학생으로서는 다양한 경험을 하는 기회가 된다. 후배들을 지도하고 함께 일을 하면서 좋은 경험을 한다.

특별 활동하기

큰아이는 초등학교 1학년부터 바이올린을 배웠다. 홍콩에서의 악기 레슨은 보통 30분씩 수업을 받는다. 한 달에 4번 있는 레슨은 학교 행사나 감기에 걸리면 한 달에 3번도 못하는 경우가 많다. 옆에서 보고 있으면 화가 올라올 때도 있지만 욕심을 빨리 버리는 것이 가장 좋은 방법이다.

악기를 하면서 아이들은 각 수준에 맞는 레벨 테스트를 한다. 레벨은 1단계에서 8단계로 나누어진다. 학교 오케스트라는 수준과 관계없이 참여할 수가 있다. 음악에 흥미를 느끼고 있는 학생들은 누구나 오케스트라 단원이 될 수 있다. 중학교부터는 연합 오케스트라에 참여할 수가 있다. 악기마다 레벨이 조금씩 다르지만, 일반적으로 레벨 6이나 레벨 7 정도는 되어야 오디션에 신청한다.

둘째도 바이올린과 피아노를 하였다. 오케스트라 활동도 하였다. 둘째는 바이올린보다는 피아노 연주하는 것을 더 좋아했다. 둘째는 로컬 초등학교에서 국제학교로 전학을 하면서부터 고등학교까지 학교 대표 팀에서 운동하였다.

학교 수영 대회에서도 결승까지 가곤 한다. 또한, 학교에서 매 학기 열리는 컨트리 마라톤과 같은 경기에도 참여했다. 학교 특별 활동은 많은 것을 하는 것보다는 꾸준하게 활동하는 것에 좋은 평가를 한다고 한다.

악기 시험 종류와 사이트 소개

피아노와 바이올린, 플롯 등 시험을 위한 사이트

시험은 실기와 이론으로 나누어진다. 영국에서 시행하고 있는 음악 관련 시험 사이트이다. 보통 시험은 레벨1에서 레벨 8까지 치른다. 전문적인 공부를 할 경우는 심화 단계의 시험을 치를 수 있다. 레벨5보다 높은 레벨 시험을 응시할 경우 반드시 이론 레벨5 시험을 통과해야만 한다. 차례대로 시험을 볼 필요는 없고 능력에 따라 응시할 수 있다.

ABRM (The Associated Board of the Royal Schools of Music)

https:kr.abrsm.org

Trinity

www.trinitycollege.co.uk

04. 변화지 않는 목표

"언니, 소꿉놀이하자."

"그래, 언니가 의사 할 거야, 너는 아픈 사람 해."

"오케이"

"엄마도 아픈 사람이에요."

"엄마는 병원에서 약을 먹고 자는 아픈 사람하세요."

(병원 놀이를 할 때면 나는 잠을 자려고, 약을 먹은 환자가 되었다.)

자매가 소꿉놀이할 때면 큰아이는 항상 병원 놀이를 했다. 동생과 나를 환자로 만들고 자기는 의사가 되었다. 초등학교에 입학하면서부터 줄곧 의사가 된다고 했었다. 아이들에게 장래 희망을 물어보면 외부의 영향에 민감한 시기여서 매번 다른 답을 하곤 한다. 그러나 큰아이는 의사가 되겠다고 한 이후로 한 번도 다른 생각이나 다른 답을 한 적이 없다. 방과 후 동생과 함께 도서관이나 책방을 가서도 의학 관련 책에 관심을 가졌다. 아기가 어떻게 생기는지 궁금해했고, 엄마 뱃속에서 아기는 어떻게 자라는지 책을 통해 이해했다. 초등학교 저학년 때는 아기가 엄마 뱃속에서 어떻게 성장하는지 발달 단계별로 설명을 하였다. 집에서도 동생과 역할 놀이를 할 때면 언제나 의사가 되었다.

스스로 찾은 장래 희망

큰아이는 초등학교부터 의사가 된다고 했다. 왜 의사가 되려고 했는지는 정확하게 모르겠으나 대학 진학할 때까지 변함이 없었다. 의사가 되려면 공부를 엄청 해야 하고 또 학교 성적도 좋아야 한다는 것을 강조했다. 큰아이도 공부에 관련해서는 열심히 하려는 각오가 되어 있었다.

나는 첫째가 좀 더 쉬운 직업을 택하기를 원했다. 의사가 된다는 것은 정신적인 것뿐만 아니라, 육체적으로도 힘든 일이다. 이왕이면 좀 고상하고 멋있는 직업을 택했으면 하는 마음이 있었다. 엄마들 사이에 딸은 의사와 결혼 하는 것이 가장 좋다는 우스갯소리가 있다. 힘든 일은 사위가 하고 딸은 남편이 벌어다 주는 돈으로 즐기는 생활을 하기를 바라는 마음에서다. 나의 사고방식으로 받아들일 수 없는 생각들이지만 솔직한 엄마의 마음에는 동의할 수밖에 없다. 이런 속마음을 가졌지만 내색하지 않고 첫째의 목표에 언제나 박수를 보냈다. 아니 자라면서 다른 희망과 목표가 생길 것이라고 믿었다.

의대 진학을 위한 활동

중학교부터는 본격적으로 의대를 목표로 공부에 신경을 썼다. 방과 후 활동도 의대 진학에 도움이 될 수 있는 것을 선택했다. 매주 토요일에 적십자 본부에 가서 수업을 듣고, 일정 기간 훈련을 받았다. 모든 과정이 끝나고, 첫째는 응급 처치 자격증을 땄다.

시험을 보기 위해서는 많은 시간을 할애해야 해서 공부에 지장이 많이 되지만 어찌하겠는가. 학교 공부는 선생님이 시키는 대로 성실하게 하고 있으니 나는 할 말이 없다. 다른 집 아이들은 새벽 2시, 3시까지 공부하고 프로젝트가 있는 경우는 밤을 새운다고 한다. 이런 이야기를 들을 때면 나도 걱정이 된다. 아니 내가 학교 다닐 때는 밤도 새곤 했는데 도대체 우리 애는 보통 12시 전에는 잠자리에 들어가니 엄마로서 답답하기도 했다. 가끔 너처럼 해도 괜찮으냐고 물어보면 … ….

"엄마, 나는 미리미리 숙제해요"

"새벽 2시까지 할 필요가 없어요."

"잠을 충분하게 자야 시험도 잘 볼 수 있어요"

"아~~, 걱정이 돼서"

매번 이런 식이다. 학교 엄마들을 만날 때면 나도 모르게 흔들리지만, 너희 집 아이는 평소에 공부하지 않는다는 식으로 몰아붙이곤 했다. 집에 돌아가는 길에 나도 레슨 선생님을 찾아야 하나, 아니면 학원을 보내야 하나 걱정을 한다. 하지만 아이도 학교 선생님도 필요 없다는 레슨을 하지 않기로 마음을 다잡아 본다. 사실 학원이나 레슨비가 싸다면 나도 주저하지 않고 사교육을 시켰을 것이다. 사교육을 못 시키는 가장 큰 이유는 비싼 레슨비 때문이다. 우리 아이들은 그런 속사정은 모르고 있을 것이다. 고등학교 2학년때는 시립병원에서 인턴을 하기도 했다.

큰 아이는 대학 원서를 접수할 때까지 오직 의대만을 생각했다.

만약에 의대에 떨어졌다면, 뭘 할 수 있을까?

어떤 전공을 선택할까?

이런 질문을 할 때면 큰아이는 한 번도 다른 전공은 생각해 본 적이 없다고 했다. 그런 일이 일어났다면 자기는 멘붕이 되었을 거라고 했다.

첫째는 의대에 원서를 냈고 본인이 원하는 대학에 합격했다. 지금도 힘들게 일하는 모습을 보면 안타깝지만 성실하고 묵묵하게 일하는 훌륭한 사회인이 되었다.

사람마다 인생을 대하는 생각이나 태도는 제각각이다.
어떻게 하는 것이 나에게 주어진 인생을 멋있게 사는 것인가.
어떻게 하면 행복한 가정을 만들 수 있을까.
인생에서 가장 가치 있는 것이 무엇일까.
나의 미래는 내가 개척하고 싶었다.
인생은 그냥 사는 것이 아니라 어떻게 살아야 하는가를 고민할 때 답을 찾을 수 있다.
내가 고민하는 것은 가정의 행복에 대한 방법들이다.

05. 고2, 중국 12박 대 여정에 오르다.

"엄마, 지난번 산행 때 팔이 다 젖었어요."

"이번에는 꼭 방수되는 것으로 준비하라고 했어요."

"그 날 밤에 추워서 죽는 줄 알았어요."

"다른 아이들의 옷은 방수가 잘돼서 하나도 젖지 않았는데….."

"나만 팔부터 다 젖었어요."

첫째가 웃으면서 나에게 말했다.

청소년 교외 활동

HKAYP(The Hong Kong Award for Young People)에서 산행을 할 때마다 일정에 따라 준비물도 달라졌다. 높은 산에 갈 때는 침낭도 추위에 견디는 것으로 준비해야 한다. 등산화도 조금씩 차이가 났다. 하나하나 준비를 하다 보면 상당한 비용이 들어간다. 산행 준비를 위해 큰아이 겉옷을 고르다 보라색 점퍼가 눈에 들어왔다. 큰아이가 입으면 잘 어울릴 디자인이다. 사주려고 가격표를 보는 순간 사는 것을 포기했다. 아무리 예쁘고 필요한 점퍼라고 해도 나의 작은 심장은 사는 것을 허락하지 않았다. 대신 가짜브랜드 점퍼를 싼 가격에 장만했다. 큰아이는 브랜드 로고가 있는 보라색 점퍼를 보고 좋아하였다.

새 점퍼를 입고 산행을 한 날 폭우가 내렸고, 폭우 속에서 큰아이는 홀딱 젖은 생쥐가 되었다. 가슴 쪽은 방수가 되었는데 팔은 방수가 되지 않아 팔에서부터 젖기 시작해서 옷 입은 채 목욕을 한 꼴이 되었다. 그날 이후로 나는 산행에 관련된 물품은 반드시 정품을 산다. 고등학교에 올라가면 본격적으로 대학 입시 준비를 시작한다. 본인이 공부하고 싶은 전공을 선택하고 성적에 맞는 대학을 조사한다. 공부에 집중하면서도 방과 후 활동이나 행사에도 적극적으로 참여한다.

홍콩에는 HKAYP라는 청소년 단체가 있다. HKAYP는 year10(중학교 3학년)부터 참가할 수 있다. 첫 2년은 홍콩의 산과 들에서 체력을 단련하고 캠핑을 한다. 보통 하루 일정으로 다녀올 수 있는 산들을 지도와 장비를 가지고 하이킹을 한다. 산에 오를 때 주의해야 할 사항들을 메모하고, 장비를 챙기고 비상시에 대처하는 방법들을 배운다. 두 번째 단계에서는 야외에서 1박에서 3박 4일 일정의 프로그램이 준비되어 있다. 모든 일정은 그룹으로 진행된다. 각 그룹은 목적지의 지도를 가지고 이동하고 목적지에 도달하면 식사를 준비하고 텐트를 쳐서 잠자리를 만들어야 한다. 그룹마다 뒤에서 말없이 지도하는 선생님이 뒤따른다. 모든 과정은 학생들 스스로 결정한다. 지도를 잘못 읽어 엉뚱한 곳으로 갈 때도 지도 선생님은 학생들에게 정보를 주지 않는다. 산에 오를 때 준비해야 할 필수품을 챙기고, 만일의 사태에 대비한 훈련을 받는다.

첫째가 산을 정복하기 위해 산을 오르고 있다.

지도 읽는 법을 배우고, 산에서 그룹별로 지도를 가지고 목적지에 도달하는 시합을 하기도 한다. 무거운 배낭을 메고 한여름에 산을 오르기도 하고 폭우가 내리는 산속을 여러 시간 행군하기도 한다. 이 과정이 끝나면 은메달을 받는다. 산행하면서 체력과 인내를 쌓은 학생들은 마지막 레벨인 골드로 올라갈 수가 있다.

HKAYP의 마지막 단계인 골드는 활동 중에 12박 13일의 중국 산행을 해야만 한다. 중국 쓰촨성 캉딩현에 있는 높이 6027m의 만년설로 뒤덮인 소공가산을 정복하는 것이다. 국제 학교에 다니고 있으니 대학 입시는 전 세계의 학생들이 경쟁자가 된다. 밤을 새우고 공부해도 시간이 모자란다. 중국 산행은 12박을 하는 것이다. 산행 준비를 위해 많은 시간이 필요하다. 일정을 무사히 끝내고 돌아와도 지친 몸을 회복하려면 시간이 필요하다. 나는 산행이 주는 좋은 점들을 알고 있으나 너무 무리하는 것 같아 허락하고 싶지 않았다. 그러나 지도 선생님과 학생들의 준비 과정을 지켜보면서 나의 걱정이 기우라는 것을 알았다.

중국 산행을 위한 준비

학생들을 데리고 장기간의 산행을 한다는 것은 쉬운 일이 아니다. 참가하는 선생님 중 선발대가 답사를 다녀온다. 답사를 다녀온 후 모든 등산 과정에 대한 소개와 질의응답을 위해 학부모들과 간담회를 한다. 산행에 필요한 모든 정보를 알려 주었다. 비상시 연락망까지도 준비가 되어 있었다. 설명을 들으면서 학교의 철저한 준비에 박수를 보냈다. 잘 준비된 산행에 참여할 수 있는 아이들이 부러웠다. 학교 선생님들이 함께 가고 현지인 가이드들과 동행 하는 산행이라 안심이 되었다. 교실에서 입시를 위한 공부를 하는 것보다 더 유익한 시간을 보낼 거란 확신이 들었다. 간담회 전에 학생들은 준비해야 하는 장비들과 필요한 물품에 대한 사전 확인이 있다.

*침낭은 영하 20도에 사용하는 것으로 준비해야 한다.

*배낭과 겉옷은 방수가 되어야 한다.

(배낭과 겉옷에 직접 물을 뿌려 확인한다)

눈 보라속에서 야영도 필수 코스다

*등산화도 높은 산과 낮은 온도에 견디는 것을 준비한다.

*꼭 필요한 음식을 준비하고 요리가 가능한 식재료를 선택한다.

*소지품이나 옷을 넣어두는 가방도 반드시 방수 처리가 되어야 한다.

*지도는 비나 눈 속에서도 젖지 않도록 비닐을 입힌다.

등등 작은 것에서부터 일일이 선생님들이 직접 점검하고 확인을 한다. 첫째가 산을 정복하기 위해 산을 오르고 있다.

중국으로 출발

12박에 필요한 모든 장비와 음식은 학생 각자의 배낭에 짊어져야 한다. 그룹으로 준비한 음식이나 장비는 그룹 안에서 나누어 가진다.

중국 산행은 12박 13일이다. 비행기로 이동하고 장거리 버스를 타고 목적지에 도달한다. 목적지에 도달하면 현지인 가이드가 산행을 돕기 위해 현지에서 필요한 물품과 장비들을 나른다. 약 10명의 현지인 가이드가 학생들과 함께 산을 올랐다. 모든 준비가 끝나면 현지 가이드들과 함께 산을 정복하기 위한 산행을 시작한다. 1차 산행을 하고 중간에 베이스캠프(4천m)를 설치한다. 베이스캠프에서 몸을 풀고 다시 영하의 온도와 눈 속을 헤치며 산 정상을 향해 계속 전진한다. 중간중간 체력이 부치는 학생은 일정을 포기하고 베이스캠프로 돌아온다. 학생 중에는 높은 고도 때문에 고산병에 걸리기도 한다. 몸에 이상이 있는 경우나 체력이 떨어진 학생들은 베이스캠프로 돌아와 의료진의 진료를 받는다. 눈보라 속에서 얼음을 깨고서 물을 날라 음식을 준비한다. 저녁을 먹고 얼음물로 뒷정리를 한 후에 몸을 움츠리며 침낭으로 들어가 영하의 온도에서 잠을 잔다.

스스로 선택한 과외 활동이다. 힘든 과정들을 견디고 인생에서 경험하기 힘든 산행을 떠났다. 돈으로 살 수 없는 소중한 추억을 만들었다. 공부보다 더 유익한 탐험을 하고 고통을 참고 정상을 향해 걸어가는 용기를 배웠다. 청소년기에 만들 수 있는 최고의 선택이었다고 생각한다. 큰아이 경험으로 둘째는 망설임 없이 중국 산행에 동의했다. 교실에서 벗어나 대자연을 탐험할 수 있는 좋은 프로그램이다.

HKAYP

The Hong Kong Award for Young People (HKAYP)

청소년들이 여가 활동과 봉사를 통해 특별한 만족과 성취를 이루고 청소년들 안에 감춰진 능력을 발견할 기회를 제공한다.

방과 후 활동으로 year10(중학교 3학년)학생부터 자발적으로 참여할 수 있다. 학생의 활동성과에 따라 동메달, 은메달 그리고 금메달로 단계가 나누어져 있다. 사회나 학교뿐만 아니라 국제적으로 인정해 주는 프로그램이다.

파트너쉽을 통해서 많은 선생님과 전문 지식과 경험을 가진 자원 봉사자들이 청소년들에게 질 높은 서비스를 제공한다.

06. 노숙자들이 있는 시립병원에서 인턴 하다

"엄마, 할머니가 나만 찾아요."

"왜, 자꾸 너만 찾지"

"어제는 나한테 밥을 먹여 달라고 해서"

"그래서 내가 먹여 드렸어요."

"오늘은 또 뭘 시켰니."

"머리를 감겨 달라고 해서"

"그래서"

"감겨 드렸어요."

"너무 친절하게 하지 마, 노숙자들이야."

"할머니 한 분이 침대에 똥을 쌌는데…. 굳이 나에게 치워달라고 했어"

"세상에…."

"세 명이 함께 들어서 치웠어요."

노숙자 병동에 가다

고2 성적을 가지고 대학에 원서를 낸다. 그래서 고2는 최선을 다해 공부해야 하는 중요한 시기이다. 부활절 방학이 끝나면 시험이 시작된다. 보통 부활절 방학 때는 다들 공부에 최선을 다하는 시기이다. 큰아이는 의대를 목표로 했기 때문에 큰 병원에서 인턴으로 일하는 것이 입시에 도움이 될 것으로 생각했다. 공부 대신 한국에 있는 대형 시립병원에서 인턴을 하기로 했다. 내가 한국에 있을 때만 해도 노숙자를 보기가 쉽지 않았고, 시립 병원에서 돌보는 환자들에 대해서 잘 몰랐다. 큰아이는 노숙자 병동에서 인턴을 하였다. 처음 며칠 동안은 병원에 데려다주고 걱정이 돼서 병원 벤치에 앉아 끝날 때까지 기다렸다.

얼마나 정에 굶주렸으면 고2인 어린 학생에게 도움을 청했을까?

일하는 첫날부터 노숙자 병동의 할머니가 무조건 딸아이만 찾았다. 밥을 먹여 달라고, 머리를 감겨 달라고 하면서 우리 아이를 불렀다. 침대에 대변을 본 후에도 우리 딸에게 도움을 청했다.

주변에 어려운 사람들을 생각하고 돌봐 주어야 한다고 누누이 가르쳤었다. 하지만 지금 나는 걱정스러운 마음에 집에도 못 가고 큰딸을 기다리고 있다. 한국 사회에 대해 잘 모르는 아이에게 노숙자에 관해 설명하였다. 특히 아저씨들이 너에게 친절하게 할 때는 조심해야 한다고 수차례 설명을 하였다. 나의 걱정에도 아랑곳하지 않고 큰아이는 항상 웃으면서 잘 하고 있었다. 집에 갈 때마다 나는 아이에게 사회 현상과 노숙자에 대해 또 설명했다. 지금 생각하면 부끄러운 얘기지만 부모의 마음이었다고 나 자신에게 변명한다.

부활절 2주간의 방학 동안 시립 병원에서 열심히 봉사하였다. 방학이 끝나면 바로 시험을 보아야 한다. 큰아이는 인턴으로 일하면서 틈틈이 공부하는 것 같았다. 부활절 방학 동안 시험공부를 하여도 모자라는 시간인데, 한국에서 인턴을 하는 딸이 걱정되었다.

오전 9시부터 오후까지 병원에서 허드렛일을 하고 환자들을 돌봐 주었다. 하루도 싫은 내색을 하지 않는 아이가 기특했다. 집으로 돌아오면 바로 학교 시험공부를 해야 해서 조금도 쉬는 시간 없이 방학을 보냈다.

"인턴으로 일한 기록과 소견서 좀 부탁합니다."

"시간은 얼마나 적어 드릴까요?"

"일한 시간만큼 만 적어 주세요."

내가 시간을 늘려서 말하면 적어 줄 수도 있다는 느낌을 받았다. 나는 왠지 기분이 씁쓸했다. 학생들의 봉사나 인턴이 잘못된 방향으로 가는 것을 실감했다. 한국 입시에 대해서는 잘 모르지만, 학생들의 봉사나 인턴은 자율적으로 이루어져야 한다. 시간을 채우는 봉사는 의미가 없다. 봉사하였다 하여도 대학 입시와는 별개로 진행되어야 한다. 입시에 영향을 줄 수도 있지만, 영향을 주지 않을 수도 있어야 한다. 대학은 객관적 자료로 평가해야 하고, 공정해야 한다.

대학 입시에 필요한 봉사나 인턴십

1, 전공과 관련된 인턴십을 찾는다. 가능하다면 저학년부터 관심을 가지고 찾는다면 뜻밖의 기회를 가질 수 있다.

2, 봉사는 장기간 꾸준하게 할 수 있는 곳을 찾는다.

3, 자신이 좋아하는 것을 시도하는 것도 좋은 방법이다.

4, 대학 원서에 쓰기 위한 활동은 피하는 것이 좋다.

07. 서울대 의대 합격하다

"필요한 서류는 다 준비했나요?"

"네, 입시 요강에 있는 것들은 다 준비를 했어요."

"한국어 능력 시험은 보았지요."

"아니요, 한국어 능력 시험이 필요해요?"

"꼭 준비해야 해요."

(나는 도무지 이해할 수가 없었다)

"그럼 토플이나 토익은 시험은 치렀나요?"

"아니요"

"시험 성적을 제출하는 것도 중요해요."

(국제학교에 다녔고 좋은 학교 성적이 있는데 왜 토플 시험이 필요하다는 것인지)

대학 입학 원서는 양보다 질이다

서울대에 원서를 준비하면서 나는 무척 긴장했다. 주위 엄마들의 하는 말들은 내가 이해한 것들과는 거리가 멀었다. 무조건 본인들의 정보가 바르다고 주장한다. 가능한 많은 것을 준비하는 것이 합격에 유리하다고 준비를 하라고 한다. 시간상으로 준비는 불가능했다. 시간상으로 가능하다 해도 나는 준비하지 않았을 것이다.

대입 요강에 있는 문구는 읽는 사람들에 따라 해석이 다르다. 시험 성적이나 증명 자료를 제출할 수 있다는 내용을 "꼭 제출해야 한다."로 해석한다. 한국어 능력 시험은 한국어를 사용하지 않는 사람을 검증하기 위한 시험이다. 시험의 목적만 안다면 필요 없는 것을 알 수 있다.

토플 시험도 마찬가지다. 영어로 A 레벨을 끝내고 좋은 성적을 받았는데 토플 성적을 제출할 필요가 있는가. 만약 대학에서 이런 서류를 참고한다면 그것은 대학의 문제이다.

강력하게 주장하는 엄마들의 말에 사실 나도 조금은 흔들리기 시작했다. 서울대 입학처로 전화를 걸어 다시 확인했다. 원서를 제출하러 가서는 직접 입학처를 찾아갔다. 걱정할 필요가 없다고 친절하게 설명해주신 입학 담당관의 이름과 전화번호를 적어왔다. 아이의 미래를 엄마의 경솔함으로 망칠까 걱정이 되어서다. 이렇게까지 했는데 나중에 다른 말을 하지는 않을 거로 생각하고 마음이 놓였다. 우습고 창피한 이야기지만 중요한 것을 결정할 상황에 놓이면 판단이 어려워진다. 남편과 나는 운동을 좋아해서, 같이 할 수 있는 운동은 함께 하는 편이다. 나는 한달에 한두 번 남편과 골프를 치러 갔다. 특별하게 즐기는 문화가 없는 이곳에서는 가족과 함께 하는 시간과 남편과 함께 골프를 하며 시간을 보냈다. 큰아이가 고3이 되면서 나는 엄마로서 무엇이든 해야할 것 같았다. 내가 큰아이의 공부를 도와줄 수도 없고, 그렇다고 학원을 보낼 수도 없었다. 강남의 엄마들처럼 최신 정보를 수집해서 도움을 주지도 않았다.

여러 날 고민을 한 후에 현재 내가 하는 일 중에서 가장 재미있는 것을 하지 않기로 했다. 그래서 그때부터 골프를 하지 않았다. 고3 딸을 위해 할 수 있는 일은 이것뿐 이었다. 나는 억척 엄마도 아니고 그렇다고 무조건 부모가 희생해야 한다는 생각도 없다. 그래서 나는 큰아이에게 미안함을 느끼고 있었다. 골프를 끊음으로 나 스스로 괜찮다는 변명을 만들고 싶었다.

갭이어 이해하기

나이가 어려 가려고 하는 영국의 의대는 자격이 되지 못했다. 그때 선생님과 큰 아이는 우리에게 갭이어를 하는 것이 좋겠다고 하였다. 10년 전만 해도 갭이어는 생소한 말이었다. 지금은 한국에서도 갭이어에 관한 정보가 많이 나와 있어 알고 있는 사람들이 있다. 대학 입학 전 1년을 쉰다고 말한다. 한국 교육을 받은 우리 부부는 큰아이가 재수한다고 생각했다. 모르는 것이 약이란 속담이 있지만, 모르는 것은 주위 사람들을 너무 힘들게 하는 것이다. 큰 아이가 갭이어는 재수가 아니라고 설명을 했지만, 우리는 아이에게 다시 공부해야 한다고 우겼다. 큰아이는 시험을 다시 볼 것이 아닌데 공부를 할 필요가 없다고 말했다. 이렇게 여러 차례 큰 아이의 설명과 학교 선생님의 면담을 하고서야 조금씩 이해가 가기 시작했다. 우리 부부는 갭이어를 이해하는 데 시간이 걸렸다. 부모도 처음으로 경험하는 일 들이라 알 수가 없었다. 갭이어에 관련된 책을 사서 읽고 인터넷을 검색하면서 갭이어에 대한 의문이 사라졌다. 나는 갭이어와 재수의 차이점을 알게 되었다.

서울대 의대 합격

서울대로부터 합격 메일을 받았다. 큰아이의 목표는 서울대가 아니었다. 나 또한 서울대 보내는 것을 목표로 하지 않았다. 단지 학교 공부를 성실하게 하면 어디든 좋은 결과를 가져온다는 믿음이 있을 뿐이었다. 한국에서 최고의 대학, 최고의 학과에 합격했다. 정말로 우리 가족은 기뻤다. 큰아이가 자랑스러웠다.

영국 의대를 목표로 공부했던 큰아이는 나와 남편이 느끼는 기분을 알 수가 없었을 것이다. 부모가 느끼는 서울대와 큰아이가 느끼는 서울대는 큰 차이가 있었다. 영국 의대를 목표로 했으나 가려고 하는 대학들은 나이가 어려 지원을 할 수가 없었다. 큰 아이는 갭이어를 하기로 하고 홍콩 대학 연구소에서 인턴으로 일을 했다. 인턴을 하면서 서울대 원서를 냈고 합격을 했다.

옥스퍼드 대학에서는 면접을 보았지만, 결과가 좋지 않았다. 내가 억척 엄마였다면 가능했을 수도 있다는 생각은 아직도 하고 있다. 앞에서도 언급했지만, 우리 부부는 특정 대학을 목표로 하고 있지 않아 준비도 소홀할 수밖에 없었다. 모든 것을 학교와 큰아이에게 맡겼다. 비슷한 시기에 영국 임페리얼 대학으로부터 합격 통지를 받았다. 학교의 교육 방식이 좋다고 꼭 가기를 원했던 대학이다. 딸이 좋아한 교육 방식은 엄청난 실습비를 감당하게 하였다.

삶에 대한 태도가 얼마나 진지한가?

어떻게 살아야 하는가?

최우선으로 하는 것이 무엇인가?

어떠한 환경에서도 긍정적으로 받아들이는 용기를 갖고 있는가?

행복한 가정을 꾸리기 위해 최선을 다할 수 있는가? 등등

우리 아이들과 가끔 나누는 이야기의 주제들이다. 자녀 자신의 길은 스스로 찾고 책임지도록 부모는 안내자가 되길 바란다. 부모가 옆에서 아이의 인생에 너무 관여하지 않는 것도 좋은 방법이다. 좋은 대학이나 좋은 직업이 인생의 행복을 결정짓는 것이 아니다. 대학은 우리가 추구

하는 삶을 위한 과정 중에 하나라는 의견에 우리 가족은 동의한다.

서울대학교와 임페리얼대학

우리는 서울대로 갈 것인가 아니면 영국으로 갈 것인가에 대해 의견을 나눴다. 남편은 큰아이가 서울대에 가기를 원했다. 나도 남편과 같은 생각이었으나, 내 생각을 주장할 수는 없었다. 나는 큰 아이가 원하는 곳으로 결정하는 것이 좋다고 의견을 냈다. 며칠을 생각하고 의견을 나눈 후 서울대로 가기로 했다. 한 학기가 빠른 서울대에 가서 공부하고 다시 생각하기로 했다. 큰아이도 먼저 서울대에서 공부를 해보고 결정하는 것이 좋다고 했다.

갭이어 첫 학기는 홍콩 대학 연구소에서 인턴을 하고, 다음 학기에는 서울대에 입학했다. 학교 기숙사에서 지내면서 큰아이는 열심히 공부했다. 한국의 문화에 적응하려고 노력하는 모습이 보였다. 한 학기를 마칠 때쯤 큰아이는 영국으로 가기를 원했다. 한국의 술 문화, 선후배 관계 그리고 의대생의 1학년 모습이 낯설게 느껴진 것 같다.

큰아이의 결정에 나는 적극적으로 남편을 설득했다. 남편과 내 의견이 맞다 하더라도 부담을 주고 싶지 않았다. 본인이 선택하고 결정하는 것이 바르다고 생각한다. 훗날 큰아이는 아빠가 한국에서 공부하라고 우겼으면 아빠 말을 들었을 것이라고 했다. 큰아이는 부모의 말을 이해하려고 최선을 다하는 딸이다. 나는 이것을 알고 있기에 남편을 설득시켰다.

서울대 의대에서 1학년 1학기를 마치고, 큰아이는 영국 의대에서 공부하기 위해 영국으로 떠났다. 지금은 대학을 졸업하고 영국 병원에서 최선을 다해 환자를 돌봐주고 있다. 오랜 외국 생활에도 꿋꿋하게 자기 일을 하는 큰 아이는 우리 부부의 기쁨이다.

갭이어(Cap Year)

갭이어란 학업을 잠시 중단하고, 봉사나 여행, 진로 탐색 등과 관련된 활동을 직접 체험하는 것이다. 즉 자아 탐색을 할 수 있는 자유 시간을 주는 것을 말한다. 학생들은 주로 고등학교를 졸업하고 대학교 입학하기 전에 1년 동안 휴식을 취하면서 직업체험, 봉사 활동, 어학연수, 취미 생활 등을 선택한다.
영국에서 1960년대 처음 시작된 제도이다. 영국에서 학생들에게 재외봉사, 인턴, 여행 등을 위한 프로그램을 제공하였는데, 이 제도가 성공적으로 정착되었다.

Chapter 02
둘째 아이 홍콩 도전기

01. 로컬 유치원에 가다

오늘도 전쟁이다.

반강제로 둘째 아이를 유치원 선생님 손에 맡긴다.

나는 뒤돌아보지 않고 빠른 걸음으로 왔던 길을 가고 있다.

마음이 아프지만, 당분간은 어쩔 수 없다고 생각한다.

내 등 뒤로 둘째의 찢어지게 큰 울음소리가 골목을 타고 들린다.

로컬 유치원에 등록하다.

빠듯한 생활비에 좋은 사립 유치원을 보낼 형편이 아니었다. 로컬 유치원은 사립 유치원과 비교하면 비용이 훨씬 적게 든다. 유치원 학비도 저렴하고 홍콩 로컬 말을 배울 좋은 기회라고 생각했다. 단지 마음에 걸리는 것은 주위에 아무도 로컬 유치원을 보내는 사람이 없다는 것이다. 나는 돈이 없어 로컬 유치원에 아이를 보낸 엄마가 되었다. 주위의 눈치를 보는 성격이 아니었음에도 나도 모르게 요즘 말하는 의문의 일패를 당한 기분이었다.

홍콩은 만3세부터 유치원을 시작한다. 너무 어린아이를 보내는 것 같아 마음이 좋지 않았지만, 로마에 가면 로마의 법을 따라야 한다는 것이 나의 생각이다. 또래 엄마들은 자녀를 좋은 유치원에 보내기 위해 이미 여러 곳에 원서를 접수해 놓았다. 집에서는 인터뷰를 준비하기 위해 영어 레슨을 받고 있다. 좋은 사립 유치원은 학비도 초등학교 못지않게 비싸다. 조기 교육의 중요성을 알고 있는 부모는 자녀에게 최상의 교육을 제공하려고 열을 올리고 있다. 그런데 나는 날마다 우는 아이를 뒤로하고 눈길 한 번 주지 않고 매정하게 가버리는 엄마가 됐다. 내가 정말로 잘하고 있는지 마음 한구석에서 둘째에 대한 미안함이 수시로 올라왔다.

광동어를 하나도 모르는 데 얼마나 힘이 들까?

친구들과는 잘 어울릴까?

내가 광동어를 가르치려는 욕심으로 아이를 너무 힘들게 하는 것일까?

국제 사립 유치원에 다니는 아이들은 너무 좋아하던데…

이런저런 생각을 하면서 유치원 끝나는 시간까지 나는 걱정을 떨쳐 버릴 수가 없었다. 끝나는 시간에 맞추어 유치원에 가서 둘째가 나오기를 기다렸다. 어디선가 둘째의 밝은 목소리가 들리고 선생님과 웃으면서 나온다.

아…. 내가 괜한 걱정을 했구나.

둘째는 선생님과 포옹을 하고 행복한 얼굴을 하고 있다. 선생님과 헤어지기 싫은 표정이다.

날마다 아침이면 반복되는 전쟁을 치르고, 오후에는 매번 나를 허탈하게 만드는 일이 한 달 정도로 지나고 끝이 났다.

둘째가 유치원에 들어가기 전에 의사 표현을 영어로 할 수 있었다. 나는 집에서 내 나름의 영어 교육을 하였다. 공부라기보다는 놀이에 가까운 교육이었다. 둘째는 뛰어난 수준은 아니었지만, 또래 아이의 영어를 말할 수 있었다. 광동어를 사용하는 유치원에서 둘째는 선생님과 영어로 말을 하고 선생님은 친절하게 둘째에게 광동어로 알려 주셨다.

"엄마."

"내가 중국 사람이면 좋겠어요."

"왜 ."

"중국 사람이면 광동어를 잘할 수가 있잖아요."

"그럼 친구들과 광동어로 말을 할 수가 있어요."

"그래, 빨리 광동어를 배워야겠네."

"내일부터는 유치원에서 너 가 모르는 것은 더 많이 친구에게 물어봐."

"네, 많이 물어볼게요."

홍콩 아이가 되다

둘째의 광동어는 이렇게 시작이 되었다. 유치원에 간 지 1년도 채 되지 않아 둘째는 또래의 아이들과 같은 수준으로 광동어를 하였다. 내가 없으면 사람들은 둘째를 홍콩 아이로 생각할 정도로 광동어 실력이 좋아졌다. 둘째는 항상 명랑하고 적극적으로 공부를 해서 유치원의 담임 선생님과 원장 선생님에게 사랑을 많이 받았다. 발표나 대회가 있으면 손을 들어 나를 당황하게 했다. 쉬는 시간에도 피아노를 연주하거나 손을 들고 남미의 유명가수 리키 마틴의 노래를 교실 앞에 나가서 부르기도 했다.

광동어를 시작할 때 둘째가 이렇게 빨리 말을 잘할 수 있을 거란 생각은 하지 않았다. 유치원에 다니면서 둘째가 제일 힘들어한 시간은 점심 먹고 낮잠 자는 시간이었다. 평소에 잠자는 것을 제일 싫어했던 아이가 낮잠을 자야 하는 것은 견디기 힘든 일이었다. 낮잠 자는 시간은 선생님과 실랑이를 벌이곤 했다. 둘째는 나에게 울면서 낮잠을 자지 않게 해달라고 여러 날을 사정했다. 나는 원장선생님과 면담을 하고서야, 낮잠 시간에 책을 읽을 수 있도록 허락을 받았다. 둘째는 매일 집에서 책을 가져가서 낮잠 자는 시간에 책을 읽었다. 가장 어려웠던 문제가 잘 해결되었다.

담임선생님은 둘째가 광동어를 배울 수 있도록 많은 도움을 주셨다. 과제물이나 숙제 등을 항상 영어로 써주셔서 집에서 내가 둘째를 챙기는 것이 수월했다. 유치원 끝나는 시간에 둘째를 기다리면서 나는 친구 엄마들에게 숙제, 시험, 통지문 등에 대한 정보를 열심히 물어본다. 그들 역시도 친절하게 나에게 설명을 곁들여 알려주었다. 2년의 유치원 생활을 하면서 둘째는 완벽한 홍콩 아이가 되었다. 나는 재래시장에 갈 때마다 둘째를 데리고 갔다. 시장 사람들과는 바디 랭귀지가 잘 통하지 않아서 항상 둘째가 나의 말을 통역해 주었다. 둘째는 나 대신으로 흥정도 하고 생선을 다듬어 달라고도 했다. 재래시장에서 둘째는 언제나 시장 상인들의 반가운 단골손님이었다.

02. 홍콩 초등학교 입시 전쟁을 치르다.

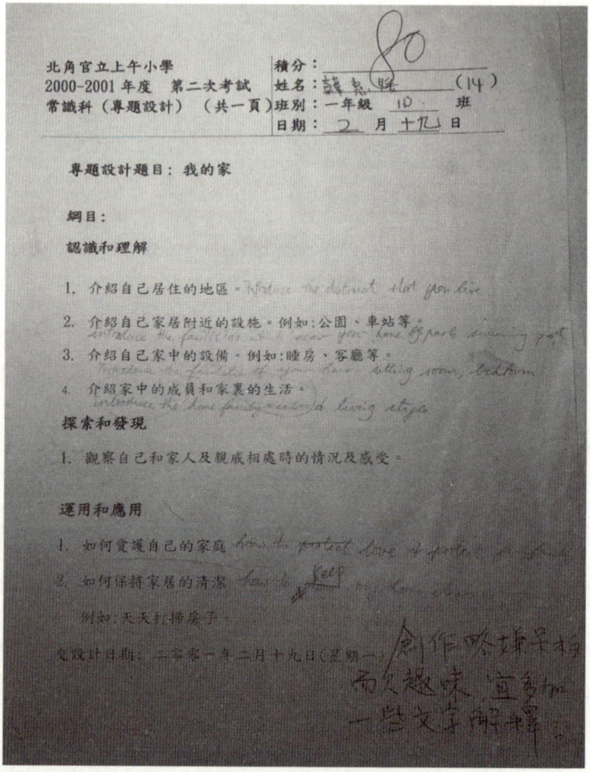

北角官立上午小學
2000-2001 年度　第二次考試
常識科（專題設計）（共一頁）

積分：80
姓名：　　　　（14）
班別：一年級 1D 班
日期：2 月 十九 日

專題設計題目：我的家

綱目：

認識和理解

1. 介紹自己居住的地區。
2. 介紹自己家居附近的設施。例如：公園、車站等。
3. 介紹自己家中的設備。例如：睡房、客廳等。
4. 介紹家中的成員和家裏的生活。

探索和發現

1. 觀察自己和家人及親戚相處時的情況及感受。

運用和應用

1. 如何愛護自己的家庭
2. 如何保持家居的清潔

例如：天天打掃房子。

交設計日期：二零零一年二月十九日（星期一）

1학년 2학기 프로젝트 질문과 담임선생님 의견

"여보, 내가 당신에게 말하지 않은 것이 하나 있어요."

"뭔데, 그렇게 심각하게 말하니"

"처음에는 혼자서 걱정을 좀 했어."

"일이 다 잘 풀렸지만 … …."

초등학교 보내기

홍콩 로컬 초등학교 원서 접수 시기가 다가왔다. 입학 절차에 대해서 아는 것이 없어 걱정되었다. 나는 둘째를 홍콩 로컬 초등학교에 입학시켜 3학년까지는 광동어를 가르칠 계획을 하고 있었다. 홍콩 교민들에게 입학할 수 있는지 어떻게 준비해야 하는지를 물어보았지만, 내가 아는 모든 사람이 불가능하다고 말한다. 부모 중 한쪽이 홍콩 사람인 경우에만 입학할 수 있다고 하였다. 유치원 원장 선생님도 같은 말을 한다. 내가 알아본 모든 정보를 종합하면 홍콩 로컬 초등학교 입학이 불가능하다는 결론이 나왔다. 나는 지금껏 로컬 학교에 입학시키지도 못하는 아이를 광동어를 배우게 하고 스트레스를 주었다는 사실에 나 자신에게 화가 났다.

퇴근하고 온 남편에게 둘째가 로컬 초등학교 입학이 어려울 것 같다고 설명을 하였다. 남편은 내 말을 다 듣고 나서 직접 가서 알아보라고 했다. 알아본 후 다시 의논해도 늦지 않는다고 했다. 한국의 교육부에 해당하는 기관에 가서 알아본 결과 입학 할 수 없는 조건에 해당하지 않았다. 다시 말하면 입학할 수 있다. 직접 가서 알아보면 될 것을 그놈의 카더라 통신을 믿었으니 큰일 날 뻔했다. 이 일이 있고 난 후 교육에 관련된 것은 반드시 직접 알아본다.

입학이 가능하다. 이제는 본격적으로 원서를 쓰고 필요한 서류를 준비해야 한다. 홍콩의 초등학교는 크게 국제학교, 사립학교, 공립학교로 나누어진다. 국제 학교는 학교 자율적으로 서류와 면접을 거쳐 선출한다. 사립학교는 지원 서류에 점수로 환산하는 많은 질문 사항들에 체크를 한 후 준비된 서류와 함께 원서 접수를 한다. 일종의 서류 전형인 셈이다. 서류를 제출하고 시험을 보거나 서류 합격한 학생만 시험이나 면접을 본다.

공립학교는 1차 추첨을 통해 학생을 선발한다. 1차 추첨에 미달이 되거나 포기하는 학생이 나오면 다시 2차 원서신청을 받는다. 1차 추첨으로 모집이 완료되어도 학교에 만족하지 않는 학부모는 좁은 입시 전쟁을 다시 치른다. 적게는 10명에서 많아야 2~30명 정도 모집하는데 100~200명의 학생이 원서를 낸다. 나의 실수로 그 좁은 문을 통과하려고 나도 원서를 여러 곳에 다시 냈다. 나는 이곳에서 한국 대학 입시와 같은 긴장감을 느꼈다.

원서 접수

원서 준비를 하고 소집 장소로 갔다. 땀이 비 오듯 내리고 많은 사람으로 북적였다. 원서에 학부모가 보내고 싶은 학교를 순서대로 적는다. 제일 가고 싶은 학교는 1번에 그리고 2번, 3번 등등…. 거의 10곳 정도 적은 것 같다. 어느 학교가 좋고 어느 학교가 나쁜지도 모르면서 나는 옆에 아줌마들이 말하는 것을 엿듣고 참고를 하였다. 유치원 친구 엄마가 알려준 학교도 참조했다. 조심스럽게 천천히 원서를 작성한 다음 여러 번 체크 한 후 제출했다. 집으로 오면서 1번으로 적은 학교에 합격하게 해달라고 기도했다.

초등학교 1차 합격자 발표 날이다. 떨리는 마음으로 발표를 기다렸다. 기도가 통했던 것인지 1순위로 적어낸 학교에 합격이 되었다. 나는 기쁜 마음으로 둘째를 픽업하러 유치원으로 향했다. 유치원으로 가는 도중에 친한 친구 엄마를 만났다. 친구 엄마는 둘째의 초등학교 이름을 듣고는 나에게 진지하게 충고를 해주었다. 원서를 준비해서 다른 학교에 원서를 내는 것이 좋겠단다. 솔직하게 말하면 그 지역에서 갈 수 있는 초등학교 중에서 마지막 순서에 있는 학교라고 했다. 내가 원서에 학교를 잘못 쓴 것이든가, 영어를 잘못 이해했다.

나의 실수로 심층 면접을 다시 보다

초등학교 1차원서 접수 때 가장 가고 싶은 학교를 쓴다는 것이 나는 제일 안 좋다고 알려진 학교를 1번에 적었다. 지금 생각해도 내가 왜 그런 실수를 했는지 알 수가 없다. 엄마의 실수로 남들이 다 피하는 학교에 지원했으니 1차 합격은 당연한 결과이다. 남편에게는 차마 말을 하지 못했다. 좋다는 학교들을 놔두고 제일 나쁜 학교를 지원해서 합격했으니 어떻게든 수습을 해야 했다. 나는 우선 남편에게 배정받은 학교에 가보자고 하였다. 주소를 가지고 찾아간 학교를 보고 남편은 실망했다. 학교와 주위 시설을 둘러보고는 다른 학교에 원서를 내자고 했다. 나는 다시 원서 준비에 들어갔다. 친구 엄마도 배정받은 학교가 마음에 들지 않아서 다른 학교에 원서를 준비 중이라고 했다. 이번에는 친구 엄마와 함께 원서를 준비했다. 배정된 지역에서 좋다는 학교를 5개 정도 추렸다.

2차 전형은 1차보다 까다롭고 경쟁도 심했다. 서류 전형에 합격하고 나면 보통 필기나 면접이 기다리고 있다. 학교에 따라 필기시험 만 보는 학교도 있고, 심층 면접을 보는 학교도 있다. 한국의 대학 입시와도 무척 비슷하다. 학교에 맞추어서 준비해야 했다. 20명 정도 뽑는 홍콩에서 유명한 사립학교도 원서를 내보았다. 원서에 가산점을 점검해 보니 해당 사항이 하나도 없다. 기본점수를 주기 위한 것인데 우린 0점이다. 가능성이 없지만, 시험을 치렀다. 100명 정도의 학생들이 시험을 치렀는데, 둘째는 당당하게 나오면서 시험이 쉬웠단다. 나는 혹시 하는 희망을 걸었지만, 유치원부터 올라온 아이들과 형제, 자매가 있는 경우 부모가 동문이거나 같은 계열 회사에 근무 하는 등 많은 가산 점수의 벽을 넘지는 못했다.

친구 엄마가 자녀를 보내고 싶어 하는 공립학교에 나도 원서를 제출했다. 홍콩에는 좋은 공립학교들도 많이 있다고 한다. 15명 정도 뽑는데 200명이 넘게 원서를 냈다. 내가 원서를 낸 공립학교는 부모와 함께 심층 면접을 본다고 했다. 면접 날 나는 가장 점잖고 모양새 나게 차려입었다. 아이 교육에 재정적 어려움이 없다는 것을 보여주는 것이 좋을 것 같아서다. 남편과 나는 처음으로 아이 입학을 위한 면접에 두근거리는 마음으로 인터뷰에 임했다. 두 명의 선생님은 부모가 둘 다 한국 사람이 왜 홍콩 학교에 입학하려 하는지 의아한 눈초리를 하면서 여러 가지 질문을 하기 시작했다.

왜 광동어를 가르치려고 하나요?

집에서 광동어를 하는 사람이 있나요?

어떻게 숙제와 공부를 도와줄 생각인가요?

등등 구체적인 질문들이 쏟아져 나왔다.

남편과 나는 적극적으로 답변을 했다. 금융 도시인 홍콩에서 많은 것을 배우고 생활하려면 광동어는 필수라고 대답을 하였다. 식구 중 광동어를 할 수 있는 사람은 없다. 숙제와 공부는 개인 교사를 두고 수시로 공부를 가르칠 수 있도록 준비할 계획이다. 조금 과장된 답변을 능청스럽게 했다. 공부를 위해서는 최선의 뒷받침을 할 거라고 덧붙였다.

부모 면담이 끝나고 조금 후 둘째도 면담을 끝내고 나왔다.

"엄마, 선생님이 질문하는 것을 다 답했어요."

"선생님이 뭐라고 질문 했어."

"광동어로 아무기나 말해 보라고 했어요."

"내가 좋아하는 책을 광동어로 설명했어요."

"또 영어로 아는 책에 내해서 줄거리를 말하라고 했어요."

"내가 말하고 나서 선생님들이 아주 많이 잘했다고 칭찬을 했어요."

둘째는 이런 인터뷰에 아주 강하다. 본인의 생각이나 이야기를 큰소리로 말을 잘한다. 집에서 나와 함께 비디오나 TV를 볼 때면 우린 항상 큰 소리로 따라서 말을 한다. 이런 훈련이 큰 도움이 되었던 것 같다. 둘째는 평소에 영어책을 낭송하다시피 때와 장소를 가리지 않고 말하고 다녔다. 면접을 담당하시는 선생님들이 조금은 놀랐을 것이다. 우린 최선을 다해 면접을 보고 집으로 돌아왔다.

며칠이 지나고 합격자 발표를 하는 날 남편과 나는 둘째를 데리고 초등학교에 갔다. 이것도 입시라고 나는 초조함을 감출 수가 없었다. 혹시라도 떨어지면 어떻게 해야 할까, 합격하기를 기도하며 명단을 천천히 살폈다. 20명 정도의 합격자 명단에 우리 둘째의 이름이 있었다. 명단 앞쪽에 있는 둘째의 이름을 보고 나는 명문 대학에 합격한 것 같은 기쁨을 느꼈다. 남편과 나는 둘째가 대견하고 자랑스러웠다. 어려운 경쟁을 뚫고 당당하게 입학하는 초등학교였기 때문이다. 초등학교 입학이지만 혼자 말 못 하고 걱정하던 것들이 사라지는 순간이었다. 이일 이후로 나는 아이들 입시 관련 서류를 작성할 때는 여러 차례 체크하는 것이 트라우마처럼 남았다.

유치원 친구는 오빠가 다니고 있는 학교라 기본 점수만 해도 차이가 크게 나서 꼭 합격할 것으로 생각했었다. 그런데 유치원 친구는 합격자 명단에 이름이 없었다. 나는 친구 엄마에게 왠지 미안한 마음이 들었다.

둘째의 홍콩 초등학교 생활은 여러 가지 경험을 하면서 시작이 됐다. 면접이나 시험을 위해 레슨을 한다거나 특별한 준비를 한 것은 아니다. 집에서 도서관에서 책방에서 책을 읽고 TV를 보고 컴퓨터를 하고 교육용 시디를 가지고 게임을 즐겼다.

나는 어린아이들은 지식적인 면에서 차이가 크지 않다고 생각한다. 단기간으로 레슨을 하고 학원에 가서 알 수 있는 지식이 얼마나 되겠는가? 올바른 학교의 선생님들은 아이의 창의력과 협동심 그리고 활동적인 면에 점수를 준다고 생각한다. 단어를 많이 알고 산수를 잘하는 것이 중요한 것이 아니다.

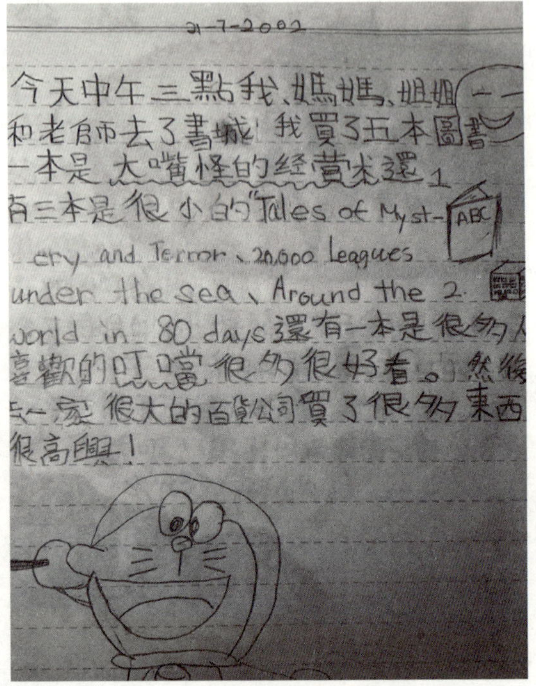

8세 때 만다린과 영어로 쓴 일기

"아직도 말을 잘 못 하나요?"

"단어 조금 말하는데 발음이 정확하지 않아요."

"보통 여자아이들은 말을 빨리한다고 하던데"

"좀 느린 것 같네요"

"병원에 가서 선생님에게 상담을 받아 보세요."

"한국이면 바로 갈 텐데….."(놀이터에서 또래 친구 엄마와 수다 중에)

큰 아이를 학교에 보내고 둘째를 데리고 집 근처 놀이터에 왔다. 놀이터에는 비슷한 또래의 한국 아이들이 놀러 온다. 아이들이 함께 놀면서 자연스럽게 엄마들과 이런저런 이야기를 한다. 물론 대부분 아이 교육에 관련된 이야기들이었다. 또래 엄마들은 아이들이 외국에서 생활하고 있어 한국어가 너무 느리다고 걱정이다. 너무 느릴 경우는 문제가 있을 수도 있다고 하였다. 빨리 상담을 받아야 한다고 했다. 나는 한국에 가면 바로 둘째를 데리고 병원에 가서 상담을 받기로 마음먹었다.

작은 아이가 18개월 때 우리 가족은 홍콩으로 이사를 왔다. 한국에서 학원을 운영한다고 놀이방에 4개월 된 둘째를 맡겼다. 놀이방은 학원 바로 옆에 있었다. 두 달 정도로 되었을 때 놀이방 선생님은 팔에 깁스를 한 둘째를 안고서 왔다. 나의 욕심 때문에 아이가 고통을 받는다고 생각하니 눈물이 나왔다. 모든 것이 나의 잘못인 것 같아 제대로 따지지도 못하고 사과만 받았다. 그일 이후에 나는 친정 부모님에게 사정을 얘기하고 둘째를 돌봐 달라고 맡겼다. 가장 중요한 시기에 떨어져 지내는 것이 내키지 않았지만, 선택의 여지가 없었다.

친정 부모님은 둘째에게 좋다는 것들을 해 주셨다. 시간에 맞추어 햇볕을 받게 산책하러 나가셨고, 엄마의 얼굴을 잊어버릴까 봐 사진을 가지고 매일 엄마 얼굴을 보여 주셨다고 한다. 홍콩으로 가기 전 10개월 정도를 둘째는 할머니 할아버지와 살았다.

가족과 함께 홍콩에서 생활하면서 나는 미안한 마음과 죄책감 때문에 둘째에게 특별한 관심을 쏟았다. 큰아이는 돌 때 "안녕하세요." "감사합니다." "고맙습니다." "참 아름다워요." 등등 인사를 하고 간단한 문장을 말했다. 다른 아이들에 비교해 말을 빨리한 것이다. 이런 경험은 나를 더 조급하게 만들었다. 작은 아이가 말을 늦게까지 잘 못 하는 것이 나의 잘못인 것 같기도 하고 무슨 문제가 있는 것 같기도 하고 혼자서 가슴앓이를 알았다. 작은 아이는 한국어를 제대로 하지 못하는 상항에서 영어에 노출이 된 것이다. 언니 어깨너머로 듣고 따라 하더니 또래 아이들 영어 수준이 되었다. 한국어보다 영어를 먼저 말하게 된 것이다.

광동어 배우기

둘째가 기본적인 대화를 영어로 할 수 있어서, 나는 광동어(홍콩에서 사용하고 있는 언어)를 배우게 하고 싶었다. 그 당시 회사에서 유치원은 학비 보조가 나오지 않았다. 한국 엄마들이 보내는 사립 유치원은 초등학교 수준의 학비를 내야 해서 나는 보낼 수 없는 형편이었다. 경제적인 이유와 현지 언어를 배워야 한다는 우리 부부의 의견이 일치하여 로컬 유치원에 보낸 것이다. 다행히도 유치원 담임선생님이 영어를 잘하셔서 우리 아이와 영어로 대화를 하였다.

"유치원에 가면 친구들에게 무엇이든지 영어로 물어봐."

"이것은 광동어로 뭐라고 하니."

"저것은 뭐라고 해."

"선생님에게도 영어로 물어봐, 광동어로 어떻게 말하는 것인지."

"선생님 이건 뭐예요."

"알겠지."

"네, 엄마"

날마다 내가 둘째에게 당부하는 말이다. 유치원이 끝나고 집으로 돌아오는 길에 나는 둘째에게 오늘 친구들에게 배운 광동어가 무엇인지 물어본다. 둘째는 신이 나서 그날 배운 단어와 새로운 낱말을 나에게 알려 준다.

오늘은 무엇을 물어보았니?

선생님이 뭐라고 대답했니?

작은 아이는 매일 선생님과 친구들에게 질문하였다. 하루가 다르게 광동어 실력이 좋아졌다. 홍콩의 교육제도는 한국과는 조금 다르지만,

교육열은 크게 다르지 않다. 학교에서 가르치는 방식도 매우 비슷한 것 같다. 좋은 학교를 들어가려면 유치원부터 잘 선택해야 한다. 초등학교부터 우열반이 나누어져 공부하는 아이들과 직업을 가지는 아이들이 일찍 구별돼서 고등학교에 가면 직업을 갖는 학생들은 2년 먼저 졸업을 한다. 홍콩의 교육 제도가 다 좋은 것은 아니지만 좀 더 관찰한다면 배울 수 있는 부분이 많다. 유치원에 다니면서 둘째의 광동어는 홍콩 아이와 같은 수준이 되었다. 집안에 고장 난 것을 고치러 오는 기술자들은 일반적으로 영어를 못한다. 그럴 때면 둘째가 통역을 해주곤 했다. 둘째의 광동어 실력은 또래 아이들에 비교해 나쁘지 않았다. 나는 둘째가 로컬 학교에서 충분하게 수업에 따라갈 수 있다고 생각했다.

작은딸은 날마다 저녁 늦게까지 학교 숙제와 공부를 해야 했다. 우리 부부는 작은 아이에게 도움이 되길 바라지만 어떤 도움도 줄 수 없었다. 초등학교 1학년 수학책을 가지고 온 작은 아이에게 더하기인지 빼기인지 알 수 없어 설명을 못 했다. 나는 아이와 함께 책을 들고 쇼핑몰로 무작정 갔다. 아이들과 자주 가는 맥도널드에 앉아서 누가 더 친절하게 우리의 문제를 해결해 줄 수 있는지 사람들을 관찰했다. 여자들이 좀 더 친절했고, 나이가 적을수록 말 붙이기가 수월했다.

누군가 내 레이더망에 들어오면 아이와 함께 그쪽으로 다가간다.

"실례합니다."

"저는 한국 사람입니다"

"우리 애가 로컬 학교에 다니는데 저는 광동어를 몰라 가르칠 수가 없어서요."

"시간이 된다면 좀 설명을 해 줄 수 있나요?"

너무나도 쉬운 초등학교 1학년 산수 문제를 물어본다. 물론 능숙하지 못한 나의 영어로…. 어찌하겠는가. 나는 엄마인데, 그 유명한 대한민국의 엄마였다. 대부분 사람은 친절하게 가르쳐 주었지만, 가끔 "노"라고 할 때면 쑥스러워지곤 했었다.

매번 맥도널드에 가는 것은 아니다. 자주 갔던 곳은 아파트 경비실이다. 워낙 둘째가 인사성이 좋아 경비 아저씨들에게 인기가 많았다. 아저씨가 바쁘거나 못 보면 볼 때까지 앞에서 인사를 계속한다. 가는 곳마다 둘째는 인기가 좋았다. 낱말의 발음에서 뜻까지 물어보곤 했다. 하지만 이것도 한계에 부딪혔다. 워낙 많은 숙제와 시험들을 감당할 수가 없었다. 나는 레슨 선생님을 찾아야 했다. 대학 보드에 나와 있는 학생에게 연락했다. 일주일에 3번 집에 와서 숙제를 도와주고, 예습하고 받아쓰기 등을 해 주기로 하고 개인 지도를 부탁했다.

대학교 다니는 선생님은 아이와 친구처럼 지냈다. 지금은 초등학교 선생님이 되었을 것이다. 한번 만나면 정말 고맙다고 인사를 드려야 하는데… ….

매주 중요 과목에 쪽지 시험이 있고 이것은 중간고사와 기말고사에 반영이 되어 전교 석차까지 나오기 때문에 소홀히 할 수가 없다. 사실 작은 아이는 최선을 다해 공부했다. 중간고사나 기말고사가 되면 가끔 코피를 흘리며 공부를 했다. 웃음이 나오지만, 언니는 놀면서 책을 읽고, 동생은 시험 준비를 하곤 했다.

광동어 레슨이 끝나고 공부를 하다가도 모르는 것이 나오면 선생님을 다시 불러 달라고 울면서 매달린다. 그럴 때면 나도 선생님도 어쩔 수 없이 아이의 요구를 들어주곤 했다. 초등학교 1학년이 공부를 해야 한다고 울고 있으니 선생님도 힘들지만, 집에 가다 다시 오곤 했었다.

보통화(중국어) 배우기

광동어가 유창하게 되자 우리 부부는 로컬초등학교에 입학시키기로 했다. 어려운 입시가 끝나고 로컬 초등학교에 입학한 후에는 나는 보통화를 좀 더 체계적으로 가르칠 계획을 세웠다.

나의 계획은 언제나 남편을 설득하는 일에서 시작된다. 새롭거나 창의적인 계획은 쉽게 적용하기가 힘들다. 사방의 벽을 누군가 깨뜨려야만 하기 때문이다. 교육에서는 항상 엄마가 벽을 깨는 사람이 된다. 남편에게 중국으로 가서 공부해야 하는 이유를 나열했다. 어렵게 남편을 설득하고 우리는 보통화를 배우러 아이들을 데리고 중국으로 갔다.

홍콩이 중국으로 반환된 후로 홍콩에서도 영어보다는 보통화를 중요시하는 것이 피부로 느껴졌다. 앞으로 보통화는 영어에 이어 세계적인 언어가 될 것으로 생각했다. 우리 가족은 2년 동안 대부분의 주말을 보통화를 배우기 위해 중국으로 갔다. 중국에 도착하면 토요일부터 일요일 오후 늦게까지 보통화 레슨을 했다. 큰아이는 일요일 오후 집에 돌아온 후에야 학교 관련 숙제와 공부를 하였다. 학교 임원 활동 그리고 과외 활동을 하느라 시간에 쪼들렸지만, 조화롭게 모든 것을 잘 소화해냈다.

보통화 레슨은 학교 진도와는 무관하게 나의 의지로 지속하였다. 의대가 목표인 큰 아이에게는 보통화 공부가 대학 입시나 학업에 전혀 도움이 되지 않는다. 왜 보통화를 배워야 하는지를…첫째가 질문을 던지면 나는 공부를 하는 것은 대학을 가기 위한 것만은 아니라고 설명했다. 살면서 자신에게 도움이 될 수 있거나 본인이 하고 싶은 것을 하는 것도 꼭 필요한 공부라고 덧붙였다. 학교 공부와 숙제는 아이들 각자에게 맡겼다. 시간을 쪼개 미리미리 해야 한다고 이해를 시켰다. 둘째는 아직 어려서 큰 문제가 되지 않았으나, 첫째는 학교 공부와 과제물 등 시간을 쪼개서 하느라 힘들었음에도 큰 불평을 하지 않아서 고마웠다.

영어 배우기

홍콩에서는 영어만 알아도 생활에는 큰 불편함이 없다. 모든 관공서나 기관이 영어와 광둥어를 사용하고 있기 때문이다.

둘째는 집에서 미디어를 가지고 영어를 배웠다. 매일 큰아이를 학교에 데려다주고 데리러 가고 하면서 둘째는 학교에서 만나는 사람들과 또래 친구들 그리고 언니 친구들과 영어로 말을 하였다. 좋은 영어 실습 현장이었다. 가장 먼저 영어로 말을 하기 시작하였고 글을 쓰기 시작하였다. 영어 스펠링과 문장은 엉망이었다. 그래도 뜻은 이해가 되었다. 둘째가 일기를 쓰거나 글을 쓸 때 알 수 없는 단어는 그림을 그린다. 나름 의사 전달을 위한 도구를 사용했다.

영어 레슨 한 번도 없이 둘째는 영어를 읽고 쓰기를 하였고 우리는 시간이 날 때마다 책방과 도서관으로 돌아다녔다. 어깨너머로 배운 영어로 국제학교 4학년에 편입했다. 한두 번씩 떨어진다는 면접에도 한 번에 통과돼서 로컬 2학년에서 국제학교 4학년으로 월반하면서 본격적인 영어를 공부하기 시작했다.

둘째는 국제 학교 4학년으로 들어갔다. 둘째 영어 실력으로는 수업이 어렵다고 판단한 담임선생님 면담 시간에 우리 부부에게 진지하게 말했다.

영어 실력이 형편이 없으니 꼭 레슨을 해야 한다고… ….

얼마나 심각하게 조언을 해주었던지 지금도 생각하며 씁쓸한 기분이 든다. 우리 아이들이 영어를 공부한 방법은 내 멋대로 공부법에 자세히 소개되어 있다. 영어를 공부가 아닌 놀이로 부담 없이 말하고 쓰는 것이 생각보다 쉬운 것을 알게 될 것이다.

한국어 배우기

둘째는 한국어를 한국 토요 학교에서 정식으로 공부하기 시작했다. 집에서는 한국어를 써야 한다는 아빠의 규칙 때문에 영어로 말하는 것이 편해도, 집에서의 대화는 한국어를 사용했다. 일상생활에서 한국어를 사용하는 것은 큰 문제가 되지 않았다. 문제는 책을 읽는다든가. 글을 써야 할 때 어려움에 부닥쳤다. 잘 이해를 못 하여도 한국어를 사용하는 환경이 필요하다고 생각했기 때문에 토요 학교에 무조건 다녀야 한다고 얘기했다. 한국 사람으로 한국어를 잘 구사하는 것은 중요하지만 외국에서 외국어를 사용하는 아이들에게 한국어를 완벽하게 해야 한다고 고집을 부리고 싶지는 않았다.

한국어로 대화할 수 있고 일상생활에 불편함이 없으면 그만이다. 나는 아이들에게 한국어에 대한 스트레스를 주지 않았다. 대학을 다니면서, 사회생활을 하면서 필요하다고 생각이 된다면 본인이 알아서 공부해야 한다고 생각한다. 대학과 사회생활을 하면서 두 아이의 한국어 실력은 많이 좋아졌다. 지금도 부족한 것을 채우기 위해 노력하고 있다.

우리 아이의 영어에 가장 큰 영향을 준 것은 TV와 컴퓨터이다. 모든 사물은 양면을 가지고 있다. 칼은 인간이 어떻게 사용하는가에 따라 무기도 될 수 있고, 사람을 살리는 도구가 될 수 있다. 새로운 신기술이 쏟아져 나오는 IT 시대를 사는 우리는 자녀들이 낙오되지 않도록 신기술을 습득할 기회를 다양하게 만들어 주어야 한다.

04. 지옥에서 천당으로

"엄마, 고맙습니다."

"지옥에서 천당으로 나를 오게 해서 고맙습니다."

"고맙습니다."

(둘째는 학교를 옮기기 전까지는 존댓말을 썼다)

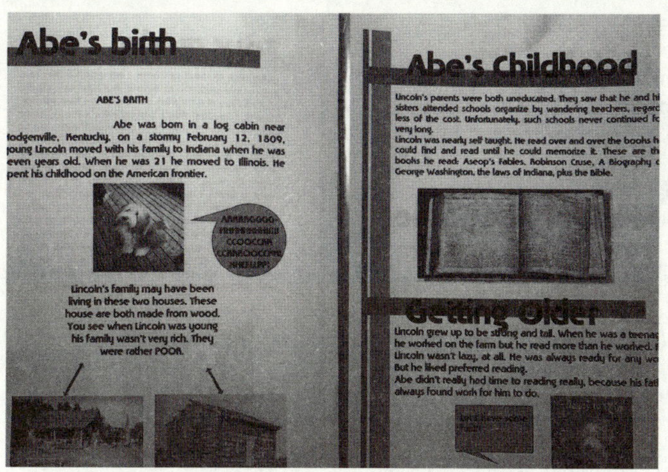

6학년 컴퓨터로 만든 링컨 프로젝트

매일 아침 학교에 갈 때 하는 인사다. 서너 달 같은 인사를 하고 학교에 갔다. 학교 끝나고 집에 와서도 같은 인사를 했다. 집에서도 놀다가 생각이 나면 하는 인사였다. 둘째는 정말 지옥에서 천당으로 옮긴 것 같은 기분이었던 것 같다.

"아니, 무슨 배짱으로 원서 접수도 하지 않고 있어요."

"지금 접수하고 기다리는 학생이 50명이 넘어요."

"100명은 된다고 하던데."

"인터뷰 받으려면 1년은 기다려야 해요"

"빨리 인터뷰 신청해요."

"정말 태평하시네요."

"아이 망칠 일 있어요, 엄마가."

(오랜만에 만난 친구 엄마들과 차 한 잔을 하면서 나눈 이야기다)

또래 엄마들을 만나면 언제나 같은 얘기를 듣는다. 엄마들 모임에서도 듣는 말이다. 나는 아이 장래에 대해 너무 신경을 쓰지 않고 있었다. 지금 원서 접수하고 기다려도 1년은 필요하고, 보통 한 번에 인터뷰를 통과하기가 쉽지 않다는 말이다. 한 번 떨어지면 일정 기간 다시 원서를 낼 수가 없다. 인터뷰에서 총 3번 떨어지면 아예 원서를 내지도 못한다. 다들 자녀 인터뷰 준비를 위해서 별도로 레슨을 받고들 있었다. 나는 너무 무관심한 엄마가 되었다.

로컬학교에서 3학년까지는 공부를 해야 광동어를 잘 할 수 있을 것으로 생각했다. 그래서 나는 둘째의 전학에 대해서는 생각하고 있지 않았

다. 하지만 친구 엄마들은 지금 원서를 낸다 해도 1년은 기다려야 한다
고 했다. 첫 번째 인터뷰에서 보통 떨어지므로 최소 1년 6개월은 필요
하다고들 했다. 로컬 학교에 둘째를 보내면서 3학년까지 광동어를 공부
하고 4학년에 국제학교로 전학하는 것이 나의 계획이었다. 그 계획에
맞추기 위해서 지금 원서를 접수해야 한다. 3학년으로 올라가는 방학에
나는 결국 원서를 냈다. 로컬학교 3학년 교과서를 준비하고 개학을 기
다리고 있을 때였다.

갑작스러운 인터뷰

방학 동안 우리는 아이들 보통화 공부를 위해 중국 심천에 아파트를
빌려 생활하고 있었다. 원서 접수를 하고 일주일 만에 학교에서 연락
이 왔다. 보름 후에 인터뷰하러 오라고 했다. 아니 1년은 기다려야 한
다고 했는데 한 달이 되기도 전에 연락이 온 것이다. 당연히 인터뷰 준
비는 생각도 하지 못했고 평소에 영어 레슨을 하지 않아서 많이 당황했
다. 남편과 나는 일단 인터뷰를 보기로 했다. 다들 한 번은 떨어진다고
했고, 준비도 하지 않아서 연습 삼아 인터뷰를 보는 것도 괜찮다고 생
각했다.

인터뷰를 위해 중국에서 둘째와 나는 잠시 홍콩으로 돌아왔다. 나는
둘째에게 인터뷰하기 전에 몇 가지를 당부했다.

"친구들과 노는 것처럼 하면 괜찮아"

"선생님이 질문하면 대답 잘하고 그냥 놀아 "

"알았지, 엄마는 밖에서 기다리고 있으니깐, 걱정하지 말고"

"끝나면 엄마랑 맥도널드에 가자"

내가 아이를 위해 할 수 있는 것은 이런 말뿐이었다. 인터뷰가 이렇게 빨리 잡힐 줄도 몰랐고 인터뷰를 위한 어떤 레슨도 받지 않았기 때문이다. 인터뷰 기회가 와서 기회를 잡은 것이다. 나는 밖에서 아무런 기대 없이 기다리고 있었다. 한 시간 반 정도가 지나고 둘째가 제일 빨리 나왔다. 내가 뭐라고 말하기도 전에

"엄마, 합격했어요."

"어떻게, 너 가 알 수 있어."

"내가 제일 잘했어요."

"선생님 질문에 대답도 제일 많이 했어요."

"선생님이 책 읽을 사람하고 물었는데"

"네가 손들고 책도 읽었어요."

"선생님이 글을 쓰라고 했는데 네가 다른 아이들보다 길게 쓰고 나왔

어요."

　너무도 당당하게 말하는 아이에게 나는 잘했다고 칭찬을 했다. 면접이 끝나고 바로 합격자 발표를 하였다. 둘째는 너무도 쉽게 면접을 통과했다. 내 계획에 없던 일이 일어났다. 로컬 학교 3학년 새 학기를 위해 교과서와 노트 등을 사고 학교 갈 준비를 하다가 국제 학교로 전학을 가게 되었다. 갑작스러운 일이라 로컬 담임선생님에게 간단한 인사만 하고 학교를 나왔다.

코피를 흘리며 공부하다

　둘째가 1학년 일 때 학교 복도에서 친구와 얼굴을 심하게 부딪치면서 코피가 나왔다. 그 후로 둘째는 무리를 하든가 좀 피곤하면 코피가 나오곤 했다. 매주 쪽지 시험을 보고 중간고사와 학기말 고사를 볼 때면 둘째는 코피를 흘렸다. 모르는 것은 꼭 알아야 하고 시험공부는 꼭 해야 한다고 생각하고 있으므로 내가 공부를 하지 않아도 된다고 얘기를 해도 말을 듣지 않았다. 어려운 조건에서 하는 공부라 성적에는 신경을 쓰지 않고 있었다. 학교에서 돌아온 언니는 책을 읽고, 컴퓨터를 하면서 여유롭게 시간을 보내고, 일찍 잠자리에 든다. 5살이나 어린 동생은 시험공부와 숙제를 하느라 코피를 흘리면서 저녁 11시에도 공부를 하는 것이 우리 집에서는 자연스러운 풍경이었다.

오래전 얘기지만 한국과 비교해도 홍콩의 초등학교가 학생들에게 더 많은 공부를 요구한다고 생각했다. 2년 동안 둘째는 홍콩 로컬 학교에서 좋은 성적을 받고 열심히 공부했다. 둘째 학교 공부에 우리 부부는 도움을 줄 수가 없는 상황이 안타까웠지만 둘째는 씩씩하게 잘 헤쳐 나갔다.

학교가 천국이에요

국제학교 학제 때문에 둘째는 3학년을 건너뛰고 4학년으로 전학을 했다. 국제 학교는 공부하는 곳이 아니라 놀러 다니는 곳이라고 했다. 너무 재미있고, 공부도 많이 하지 않는다고 좋아했다. 학교에서 내주는 숙제는 숙제가 아니다. 책 읽기, 그림 그리기, 조사하기 등등 세상에 이렇게 재미있는 학교가 어디에 있을까요? 라고 묻곤 했다.

점수로 등수를 매기고, 딱딱한 책상과 엄격한 규칙을 지키며 공부하다가 국제 학교로 전학을 한 둘째는 그곳이 천국이었다. 날마다 나에게 "지옥에서 천국으로 옮겨줘서 감사합니다."라고 인사를 했다.

한국 학부모 모임에 나가면 엄마들은 아이들이 공부하느라 힘들어한다고 한다. 숙제와 레슨 그리고 책 읽기 등 해야 할 것이 너무 많다고 한다. 나는 속으로 웃으면서, 우리 아이는 너무 즐거워하고 있는데, 공부하는 것 같지가 않다고, 숙제도 너무 적다고 말한다. 둘째는 정말 행복하게 학교에 다녔다.

국제 학교에서의 공부는 둘째에게 큰 스트레스를 주는 것 같지는 않았다. 그렇다고 성적이 좋다는 것은 아니다. 집에서 배운 영어로 수업을 따라가는 것은 쉬운 일이 아니다. 나는 둘째를 재촉하지 않았다. 2년 안에 수업을 따라갈 정도만 되면 괜찮다고 생각을 했다. 천국에서 공부하는 둘째는 내가 생각하는 것보다 적응을 잘하고 있었다. 학교 운동부에 들어가 학교 대표팀에서 뛰었다. 국제 학교로 전학을 하고 6학년이 되기 전에 둘째는 학교 수업에 따라갈 수 있는 실력을 갖추게 되었다. 누구도 둘째가 국제학교에서 수업에 잘 적응하리라 생각하지 않았지만, 물고기가 물을 만난 것처럼 둘째의 학업 능력은 상위권으로 올라왔다.

아이들의 가능성은 누구도 단정을 지어 말할 수 없다. 어른들이 생각하는 것보다 아이들은 더 큰 잠재력이 숨어있다. 부모와 학교는 아이들의 잠재력이 잘 표현될 수 있도록 환경을 만들어 주는 역할에 충실해야만 한다.

05. 컵라면 먹으로 한국 토요 학교에 다니다.

"엄마, 아빠 약속하세요."

"그래 토요 학교는 놀러 다녀 "

"그냥 수업 시간에 앉아 있다 오면 돼"

"노는 시간에 매점에 가서 컵라면 사 먹고"

"시험 걱정도 하지 마."

"시험공부 안 해도 뭐라고 말하지 않을게."

"너 가 아는 것만 쓰고 나오면 돼"

둘째가 토요학교에 갈 때 한 약속이다. 썩 내키지 않았지만 우리는 둘째를 한국 토요 학교에 보내기로 하였다. 매주 토요일마다 한국 학교가 진행된다. 국어와 국사를 배운다. 특별하게 한국어를 배울 기회가 없었던 둘째에게는 꼭 필요한 수업이었다. 초등학교 4학년으로 들어갔으니 부담이 많이 되었을 거로 생각한다. 아주 조그만 희망이라면 한국사를 좀 배웠으면 하는 것과 한국의 문화를 조금 접하길 바라는 마음이었다.

둘째는 제일 먼저 영어로 말을 시작하였다. 그 영어를 가지고 유치원에 들어가 광둥어를 배웠다. 초등학교 1학년부터는 본격적으로 보통화를 배웠다. 둘째에게 제일 약한 언어가 한국어다. 물론 한국어를 전혀 못 하는 것은 아니다. 아빠의 강력한 요구에 우리 가족은 집에서 한국어만 사용했다. 아이들끼리는 영어로 말하는 것이 훨씬 편했지만, 영어를 쓰다 걸리면 아빠에게 엄하게 야단을 맞았다.

첫째도 토요학교에 다녔다. 첫째가 한국 토요학교 6학년에 들어갔을 때 나는 욕심을 부렸다. 토요 학교에서도 두각을 나타냈으면 하는 마음에 처음에는 공부하라고 아이를 많이 다그쳤다. 지금 생각하면 정말 바보 같은 행동이었지만 그 당시는 그 사실을 몰랐다. 그렇게 몇 개월이 흐르고 나는 현실을 받아들이기로 했다. 내가 보아도 어려운 교과서를 선생님들은 한국 진도에 맞추어 빼고 있으니 잘 따라가는 아이들이 비정상이란 생각이 들었다.

"그래, 그냥 학교만 다녀라"

"집에서 예습, 복습은 하지 않아도 괜찮아 "

"가능한 수업은 빠지지만 말고"

첫째와 한 약속이다. 학창 시절 내내 학교 임원이었던 첫째는 학교 행사로 빠지는 일이 많았다. 학교에서 학생들 사이에 인기가 좋아 항상 임원을 도맡아 했다. 성적이 좋은 학생 중에서 직접 선거나 간접 선거를 통해 임원을 한다. 임원이 되면 학교 봉사를 해야 하는 기본 시간이 있고 기본 시간을 채워야 고2, 고3 때 학교 전체 학생회에 선출될 기회를 얻는다. 많은 학교 행사에 참석해야 하므로 시간을 많이 뺏긴다. 학교 행사가 보통 저녁에 있어 끝나고 집에 오면 10시경이 되거나 넘어서 도착하기도 한다. 이런 이유로 토요학교는 빠지는 날이 더 많았다.

둘째와 컵라면

둘째는 매주 토요일이 너무 즐겁다. 집에서는 먹을 수 없는 컵라면을 마음껏 먹을 수가 있다. 그것도 친구들과 함께 먹는 컵라면은 얼마나 맛이 있겠는가. 놀러 가는 토요 학교니 시험 걱정도 없다. 이미 부모에게 허락을 받지 않았는가. 둘째는 초등학교부터 고등학교 2학년까지 학교 운동선수였다. ESF학교 대항전은 토요일에 많이 있다. 컵라면 먹으러 가는 토요학교인데 운동 경기로 수업을 빠진다. 학교 임원이기도 해서 행사로 또 수업을 빠지다 보면 둘째도 수업하는 날이 별로 없다. 모처럼 학교 가는 날이 시험일 때가 종종 있다. 그럴 때면 학교 가기를 싫어한다. 아무것도 모르면서 시험시간에 앉아있어야 하기 때문이다.

"시험에 빵점을 받아도 괜찮아"

"마음 편하게 하고 시험을 보면 되잖아"

"아는 것만 쓰고 나와"

"정 모르면 같은 답을 다 써"

"그러면 맞는 답도 있을 거야"

둘째와 이런 얘기를 하고 학교에 보냈다. 약속이 있어 외출했는데 전화가 왔다.

"엄마 정말 아무 답이나 써도 괜찮아요."

"응, 걱정하지 마"

"엄마, 그럼 모르는 것은 마음대로 답을 쓸게요"

"그래"

집에 돌아온 둘째는 그날 시험에 같은 답을 썼다고 말했다. 국사 시험은 대부분 주관식 문제였다. 1번 문제부터 모르는 문제였고, 수업 때 들었던 것이 생각이 나서 "성균관"이라고 답을 썼다고 했다. 그리고 1번에 쓴 답을 끝 문제까지 똑같이 썼다고 했다. 지금 생각해도 웃음을 참을 수가 없다.

한국 토요 학교 학부모회장

엄마들의 치맛바람을 별로 좋아하지 않던 나는 학교 관련 일에는 일절 관여를 하지 않았다. 하지만 학교에서 준비한 학부모 모임이나 정책, 학생 관련 입시 설명회에는 개인적으로 열심히 참석했다. 모든 진행이 영어라서 내가 알아들을 수 있는 것은 별로 없었지만 꾸준하게 참석을 했다.

  첫째 때부터 한국 토요학교에 대해서 가지고 있던 개인적인 의견이 있었다. 그러나 학교 일에 나서지 않았기 때문에 혼자 생각만 하고 있었다. 둘째가 토요학교에 다니면서 적극적으로 건의하는 것이 선배 엄마로서 해야 할 도리라는 생각에 나는 학부모 모임에서 회장을 맡았다. 외국에서 공부하는 한국인 자녀들을 교육하는 교육 기관이 한국과 똑같은 구조와 방법으로 교육하는 것이 이해되지 않았다. 학생이 주체가 되는 교육이 아니었다. 한국 정규 과목을 한국 학제에 맞추어 일주일에 한 번 수업하면서 진도를 뺀다고 한다. 주입식 교육이 교실에서 이루어진다. 나는 학교와 재단을 상대로 여러 차례 수업 방식과 알맞은 교재 발굴을 요청하고 건의를 했다. 달걀로 바위를 깨는 행위라는 것은 알고 있었고, 누구도 내 말에 귀를 기울여 주는 사람은 없었다. 우리 아이들이 열심히 하지 않았다는 것은 인정한다. 그러나 5~7년을 다니고도 한국 역사에 대한 흥미나 기본적인 지식이 없다는 것은 단지 학생들만의 책임으로 돌리기에는 억울한 면이 있다.

  외국에서조차 엄마들 사이에서는 대학 입시를 위한 스펙으로 토요학교를 선택한다고 한다. 성적을 떠나서 한국어를 배우고 한국 역사에 문제의식을 느끼고 다가갈 수 있는 교육이 이루어지길 희망한다.

06. 고1, 영국 유명 미대에 가다

"따님이 미술에 뛰어난 소질이 있어요."

"미술을 공부할 수 있도록 허락해 주세요."

"저희가 아이의 미술 공부를 뒷받침할 경제적 여력이 없습니다."

"부모가 따님의 미래를 막는다면……. 미래의 유명한 예술가를 포기하시는 거예요"

(둘째가 고1일 때 미술 선생님과의 면담 시간에 나눈 이야기다)

중학교에 올라가면서 학교 성적이 놀라울 정도로 좋아졌다. 대부분 과목에서 상을 받을 정도로 성적이 좋았다. 특히 미술, 음악, 예술 분야의 선생님들은 본인의 과목을 전공하면 좋을 것이란 조언도 하였다. 지금껏 한 번도 미술 교습을 한 적이 없는데도 미술 선생님은 아이의 독창적인 창의력을 칭찬했다. 중학교부터 미술 선생님은 면담 때마다 우리 부부에게 미술을 선택하도록 설득을 하였다.

나도 학창 시절 미술을 하고 싶었으나 가정 형편상 포기하였다. 한국에서 미술을 준비하고 전공한다는 것은 큰 비용을 감당해야 하기 때문이다. 내 마음 한구석에 자리 잡은 그림에 대한 열정이 지금까지 꿈을 버리지 못하는 이유이다. 내가 경험을 했기 때문에 둘째의 마음을 충분하게 이해할 수 있으나, 현실을 외면하는 것은 더 힘이 들었다.

미술이 아니어도 둘째는 좋은 성적으로 전공을 선택하고 대학에 갈 수 있다. 전공을 살려 직업을 선택할 수 있다. 그러나 미술을 전공하면, 경제적으로 받쳐 주지 못해서 대학 졸업 후에도 어려움을 겪을 것이다. 순수미술로 성공하는 것이 어렵다는 선입견을 품고 있으므로 우리 부부는 둘째의 미술 공부를 허락하지 못했나.

아이들 둘 다 그림에는 소질이 있어서 나는 아이들의 창의력을 망가뜨릴까 봐 어려서부터 한국식 미술 교습을 시키지 않았다. 한국에서는 미대에 진학하기 위해서는 초등학교부터 그림을 그리기 시작하는 것으로 알고 있다. 이곳에서도 한국 부모들은 미대를 보내려고 한국처럼 미술 레슨을 시킨다. 약간의 정도 차이는 있지만, 방학이면 미술 교습을 위해 한국에 온다. 개인지도 선생님의 도움을 받아 포트폴리오를 준비하는 것으로 알고 있다.

국제학교에서 학교 미술 수업만으로 미술 대학 진학이 가능하다는 사실에 나는 놀랐다. 어떻게 개인지도 없이 미술 대학에 진학이 가능한 것일까. 외국의 미술대학은 학생의 그림 그리는 테크닉이나 기교를 보는 것이 아니라 학생의 창의력을 높이 평가한다고 한다. 그래서 미술 개인지도 없이도 학교 수업만으로 미대 진학이 가능하다고 했다. 물론 학교 수업은 반복에 의한 그림의 테크닉을 가르치는 것이 아니다. 학생의 창의력을 끌어내 발전할 수 있는 토대를 스스로 찾고 만들 수 있도록 도움을 준다. 미술 레슨 없이 대학 진학이 가능한 수업이 이루어진다.

둘째는 중등교육시험인 GCSE(General Certificate of Secondary Education) 미술 과목에서 만점을 받았다. 학교 수업만으로 포트폴리오를 만들고 이론과 실습을 평가하는 미술 과목에서 만점을 받은 것이다. 둘째의 재능이 입증되었지만, 남편과 나는 진로에 대해 망설였다. 때론 둘째와 언쟁을 하기도 했다. 속이 상한 둘째는 이해하지 못하는 우리에게 화를 내기도 하고 울기도 하였다. 미술에 대한 둘째의 열정과 고집에 우리 부부도 고민을 많이 했다. 고1 때는 미술 선생님이 우리 부부와 면담을 하자고 아이를 통해 연락이 왔다. 교육에 특별한 관심을 가지고 아이들 재능을 살려야 한다고 말하던 나였다. 지금 나는 모순된 행동을 하고 있었다. 비싼 개인 지도도 할 수 없고 아이 장래에 대한 막연한 불안함으로 아이의 재능을 막고 있었다. 선생님의 진심 어린 의견과 둘째의 미래에 대한 확고한 생각은 결국 나와 남편의 자식에 대한 욕심을 접게 하였다. 아이가 하고 싶은 공부를 하도록 하는 것이 당연하지만 오랜 시간 고집을 피웠던 것을 후회했다. 욕심을 내려놓고 둘째의 진로를 결정하고 나니 정말 마음이 편했다. 진작 아이의 의견을 들어주지 못한 것이 미안했다.

우리는 둘째에게 미술 전공을 허락했고, 미술 공부를 위해 도움이 되는 것을 찾아보도록 하였다. 지금껏 혼자서 그림 그렸던 둘째는 여름 방학 동안 영국 미술 대학에 썸머 코스를 가고 싶다고 했다. 그래서 둘째는 고등학교 1학년 여름 방학 때 영국 런던에 미술로 유명한 Central Saint Martins에 공부하려고 원서를 냈다. 그림 공부를 하면서 런던에 다른 대학에서 미술 관련 수업도 함께 받기로 하였다. 미술 관련 수업은 UCL(University College London)에서 하고, 그림은 Central Saint Martins에서 하기로 하였다. 친구들이 대학 입시를 위해 한국의 강남에 있는 학원으로 수학과 영어, 과학을 공부하러 떠날 때 둘째는 자신의 꿈을 향해 영국으로 갔다.

영국에서 그리다

둘째는 학교에서 선생님과 친구들이 인정하는 그림 잘 그리는 학생이었다. 나름 그림에 대한 자신감을 가지고 어렵게 부모님의 허락을 받고서 영국에 도착했다. 그림에 대한 큰 꿈으로 그림 공부를 시작하는 것이다. 그러나 영국 대학에서의 미술 공부는 둘째가 생각하는 것과는 차이가 컸다. 그림을 그리는 학생들은 모두가 언니 오빠들이다. 둘째는 그림 그리는 학생 중에서 제일 나이가 어렸다. Central Saint Martins에서는 다양한 장르의 미술을 직접 경험했다. 그림을 그리는 동안 둘째는 언니 오빠들의 엄청난 열정을 보았다. 둘째가 가진 열정은 그들에 비교해 아주 작다는 것을 깨달았다. 영국에서 돌아온 후에 둘째는 자신이 생각했던 미술과 현실은 차이가 크다고 말했다. 영국에서 아침 일찍부터 저녁까지 그림에 빠져 한 달 반을 지내고 나에게 한 말이다.

"엄마, 같이 미술을 공부하는 사람들은 다 미친 것 같아요."

"그림에 미쳐 있는 것 같아요."

"온종일 그림 외에는 다른 생각이 없는 것처럼 보여요."

"나는 그 사람들처럼 미치지는 못할 것 같아요."

Central Saint Martins와 UCL(University College London)에서 공부하면서 미술에 대한 생각을 다시 정리하는 계기가 되었다. 미술을 포기하는 것은 아니지만 대학은 경영을 공부하기로 마음을 먹었다. 둘째는 자기가 돈을 벌어 학비를 마련하고 미술 공부에 다시 도전한다고 말했다. 지금은 회사에 다니면서 꾸준하게 미술 관련 공부를 하고 그림을 그리고 있다.

방학 동안 한국의 강남으로 공부를 하기 위해 오는 것은 상당한 비용이 들어간다. 우리 부부는 강남의 학원 대신에 둘째를 영국으로 보내 본인이 하고 싶은 미술을 공부하게 하였다. 그림 그리는 것을 힘들게 찬성했지만, 자신의 진로를 자신이 결정할 수 있도록 기회를 주었던 것에 대해 다행으로 생각한다.

07. 서울대 경영학과에 합격하다

　서울대 경영학과 합격 메일을 받았다. 홍콩 과기대 글로벌 비즈니스 합격과 장학금 연락을 받았다. 영국의 UCL과 다른 대학에서도 합격 메일을 받았다.

　두 아이를 키우면서 나는 한 번도 서울대를 목표로 공부시키지 않았다. 아이들 역시 특정한 대학을 목표로 하지 않았다. 학교 공부에 성실하게 따라갔다. 공부뿐만 아니라 운동이나 학교 임원으로 열심히 봉사했다. 대학은 성적에 맞게 가면 된다고 생각했다.

　둘째가 고3 때 나는 사업을 하느라 정신이 없었다. 시간에 쫓기던 나는 둘째의 대학 입시에 도움을 주지 못했다. 대학을 결정하고 전공을 결정할 때 함께 의견을 나눈 것이 전부였다. 작은 아이는 대학의 원서부터 자기소개서 등 서류 하나까지도 혼자서 준비했다. 홍콩 과기대 면접날 나는 둘째가 정장을 챙겨 입는 이유를 알지 못했다. 첫째가 대학에 원서를 낼 때와 너무 다른 나의 모습에 둘째에 대한 미안함이 아직도 크다. 나는 작은 아이에게 도움이 되지 못해 미안하다고 마음속의 말을 하자, 둘째는 뜻밖의 말로 나를 안심 시켰다. 엄마가 사업을 하느라 자기에게 잔소리를 하지 않아서 정말 편하게 공부할 수 있었다고 한다. 열심히 공부할 수 있었던 것이 부모의 간섭과 잔소리가 없었기 때문이라고 말했다. 엄마가 옆에서 챙기면서 공부에 간섭했다면 자기는 너무 힘들었을 거라고 했다. 섭섭한 마음이 한구석에 있었지만 다행이란 생각이 들었다. 부모의 관심은 간섭으로 느낄 수가 있다는 것을 알게 되었다.

작은 아이는 초등학교 때부터 보통화를 틈틈이 공부해서 중국 사람과 대화하는 데 전혀 어려움이 없다. 광동어는 초등학교 2학년까지 공부를 해서 홍콩 사람처럼 말을 한다. 고등학교에서는 잡지 동아리를 만들어 잡지를 발행했다. 잡지 만드는 비용을 마련하기 위해 직접 회사에 메일을 보내고, 회사 담당자와 미팅을 하였다. 학교 공부와 병행을 하면서 마케팅을 해서 회사로부터 광고를 받았다. 잡지 발행에 필요한 100만 원이 넘는 돈을 마련하고, 학교 잡지를 발행하였다. 잡지는 학교에서 20불(3000원 정도)을 받고 학생과 선생님에게 판매하였다. 판매 대금은 전액 불우한 이웃을 위한 단체에 기부하였다. 잡지 동아리는 후배들을 뽑아 지도하고 도와주면서 자리를 잡았다.

즐거운 선택

유창한 외국어 구사와 초등학교부터 운동선수로 활동하고, 뛰어난 마케팅을 한 경험들이 대학 입시에 좋은 결과를 가져 왔다고 생각한다. 홍콩과학기술대학교(홍콩과기대)의 글로벌비즈니스에 서류를 접수하고 1차 합격을 하였다. 둘째는 면접에서 보통화와 광동어로 전공을 선택한 이유와 자기소개를 했다. 면접관들과 보통화로 대화를 하였다. 유창한 외국어로 당당하게 자신의 미래와 전공에 관해서 말했다고 했다. 이때도 둘째는 조금은 떨렸지만 합격할 것이라고 말했다. 홍콩과학기술대학교(홍콩과기대)의 글로벌비즈니스 합격은 무조건 영국으로 가려던 둘째의 계획에 고민을 가져왔다. 한국은 대학 간판이 전공보다 더 중요한 선택의 기준이 된다. 그러나 홍콩이나 영국 등 다른 나라의 대학은 대학교의 이름이 아니라 전공에 따라 입학 성적이 크게 다르다. 졸업 후 진로에도 전공은 큰 영향을 미친다.

한국에서 최고의 대학을 갈 것인가 ?

홍콩에서 아시아 최고의 과를 선택할 것인가?

언니가 있는 영국으로 갈 것인가?

둘째는 처음부터 영국 대학에 진학하기를 원했다. 첫 번째 이유는 언니가 있는 영국에 가서 경영을 공부하는 것이다. 두 번째 이유는 홍콩을 벗어나 자유로운 곳에서 젊음을 누리고 싶은 마음이 많았기 때문이다. 사실 서울대와 홍콩 과기대는 혹시라도 모를 변수가 있을 경우를 대비해 지원했다. 사람의 일이란 알 수가 없는 것이라고 했던 어른들의 말이 기가 막히게 들어맞았다. 무조건 영국으로 가려고 했던 둘째는 한국의 서울대와 홍콩의 과기대에서 고민하였다. 한국에서 누구나 입학하기를 원하고 남편도 둘째가 서울대 경영학과에서 공부하길 원했다. 마지막으로 한번도 생각한 적이 없었던 홍콩과기대에서 글로벌비즈니스를 공부하는 것이다. 홍콩과기대 글로벌비즈니스에 대해서는 가끔 방송이나 신문을 통해 접하였고 나와는 관련이 없어서 흘려버렸던 곳이라 나는 잘 몰랐다. 나는 외국계 은행에 다니는 여러 지인에게 조언을 구했다. 어떤 결정을 하는 것이 가장 현명하고 합리적인가에 힘을 보태고 싶었다. 사실 첫째도 서울대를 포기했기 때문에 나와 남편은 둘째가 서울대에서 공부하기를 많이 바랐다.

영국에 있는 큰아이와 함께 우리 가족은 여러 번 의견을 나누었다. 우리는 홍콩에서 공부하고 중간에라도 생각이 바뀌면 한국에 가는 것으로 결정을 내렸다. 비즈니스 공부를 하면서도 미술에 대한 미련이 있던 작은 아이는 한국의 문화와 미술에 관한 공부를 위해서는 서울대에 가야 한다고 생각했다. 오랜 시간 계획하고 고민했던 것과는 정반대의 결정을 하였다.

서울 대학교 자퇴하다

둘째는 대학을 3년 만에 졸업하고 서울대로 가서 다시 공부하기로 계획을 잡았다. 대학교 3학년 졸업반이라 친구들은 취업 준비에 온 힘을 쏟을 때 서울대로 진로를 결정한 둘째는 여유로운 생활을 하고 있었다.

2학기에 접어들었을 때 제법 큰 미국 자산운용회사에 인터뷰를 보고 인턴을 하게 되었다. 일주일에 이틀은 수업을 듣고 3일은 기숙사에서 새벽에 회사로 출근을 했다. 인턴으로 일한 회사에 졸업 전 정식 직원이 되었다. 회사는 복지 시설과 근무 환경이 무척 좋았다. 둘째는 미국회사의 좋은 환경에 만족하였다.

한국에서 들려오는 젊은이들이 직업을 갖기 위한 치열한 경쟁과 끝이 보이지 않는 터널 속에 있는 취준생의 이야기는 남의 이야기가 아니었다. 둘째에게도 곧 닥칠 현실이었다. 많은 젊은이가 사회에 첫발을 내딛는 곳이 불투명한 사회에서 나와 남편은 서울대를 포기하고 직업을 선택하는 것이 좋다는 의견을 냈다. 서울대를 졸업하고 지금 일하는 곳과 같은 수준의 직장에 들어간다는 보장은 없었다. 서울대 경영학과라는 명함을 포기하고 둘째와 우리 부부는 실리를 선택했다. 자신의 주장이 뚜렷하지만 중요한 결정을 할 때면 반드시 주의의 의견을 듣고서 합리적인 판단을 한다. 나이가 어리지만 둘째의 현명함에 나도 가끔은 놀라곤 한다.

둘째는 미국 자산운용 회사에서 사회생활을 시작했다. 회사의 일뿐만 아니라 어학도 꾸준히 공부하고, 운동도 꾸준히 하는 열정을 가진 사회인으로 제 몫을 하고 있다. 현재에 안주하지 않고 미래를 고민하고 노력을 게을리하지 않는 작은 아이가 대견스러운 것은 엄마로서 당연하다 생각한다.

공부와 자녀 그리고 부모

1. 자녀와 미래에 관하여 많은 이야기를 해라.

2. 대학은 이름이 중요한 것이 아니다.

3. 좋아하는 것을 택하는 용기도 필요하다.

4. 부모의 방관은 때로 약이 된다.

5. 합리적이고 실리를 따져라.

6. 자녀의 생각을 존중하려고 노력해라.

7. 인생의 주인이 될 수 있도록 책임감을 심어 주어라.

8. 공부는 책상에서 하는 것이 전부가 아니다.

Part 02

내 멋대로 공부법

교육은 그대의 머리 속에 씨앗을 심어주는 것이 아니라

그대의 씨앗들이 자라나게 해준다.

-갈릴 지브란-

Chapter 03
내 멋대로 공부법 7가지

자신의 노후를 설계하고 살아야 하는 시대에 살고 있다. 과학과 의료의 발전은 인간의 수명을 연장했다. 늘어난 수명은 노후의 연장을 의미한다. 미래를 설계하고 대비하는 생활이 절실히 필요한 시대이다.

우리 자녀도 미래에 대한 청사진을 가지고 양육되어야 한다. 부모의 역할은 자녀가 주체적으로 선택할 수 있는 능력이 마련될 때까지 안내하는 안내자가 되어야 한다. 자녀의 재능을 발견할 수 있도록 주의 깊게 관찰을 하여야 하고, 다양한 경험을 할 수 있도록 기회를 제공해 주어야 한다.

유아기부터 공부할 수 있는 환경을 만들어 준다. 언어가 공부가 아니라 자연스러운 생활 일부가 되도록 준비한다. 그 방법은 내 멋대로 공부법에서 소개하였다.

1, 한 개의 언어가 안정된다면 새로운 언어를 시작하여도 무방하다.

2, 문법을 무시하고 글을 쓰기 시작해라.

3, 철자가 틀려도 무시해라.

4, 재미있는 책이나 영화 등으로 듣기에 익숙해져라.

5, 두 개의 언어를 동시에 사용하여도 괜찮다.

언어에 재능이 있는 자녀는 두 각을 나타낼 것이다. 재능이 없다고 모국어를 못하는 사람은 없다. 단지 빠름과 조금 늦어짐의 차이가 있을 뿐이다, 모국어를 늦게 터득한다고 학업 능력이 떨어지는 것은 아니다. 가정에서 두 마리의 토끼를 잡을 수 있는 설계가 필요하다.

01. 무쇠처럼 돌진하는 용기

"이번에 한국에서 온 애가 또 우리 반에 들어왔데요."

"아휴, 빨리 학교를 옮겨야지."

"반 수준이 한국에서 온 애들 때문에 자꾸 내려가요."

"새로 온 애들 때문에 수입 시간에도 지장이 많은 것 같아 속상해요."

(학교 운동장에서 큰아이를 기다리는 동안 옆 엄마들이 하는 말이 들린다)

한국 엄마들이 모여서 아이들 이야기를 한다. 영어도 모르고 들어온 아이들 때문에 자신의 아이들 공부에 지장이 있다는 우려 섞인 소리가 들린다. 들으라고 하는 소리는 아니지만 나는 왠지 미안함과 걱정이 몰려왔다.

1995년 8월 말에 두 아이를 데리고 나는 남편이 있는 홍콩에 도착했다. 짐을 풀자마자 아이들과 나는 남편이 준비한 마카오 여행을 떠났다. 여행을 마치고 일주일 늦게 큰딸은 국제학교 1학년 수업에 들어갔다. 반 학생은 20명이 조금 넘었다. 반 학생은 한국 아이들과 홍콩, 미국, 영국, 오스트리아 등에서 온 아이들이다. 반 학생 대부분이 유치원을 마치고 입학하였기에 의사소통에는 어려움이 없어 보였다. 우리 아이만 영어를 듣지도 말하지도 못하였다. 다행인 것은 같은 반에 한국 아이들이 많아서 여러모로 도움이 되었다. 다른 엄마들이 걱정하는 부분이란 것을 알지만 어찌하겠는가?

아무런 준비도 하지 못하고 시작한 홍콩에서의 학교생활이다. 반에서 우리 아이는 꼴찌였다. 보통 엄마들이 자녀가 꼴찌라면 성적을 올리기 위해 여러 가지 방법을 모색한다. 혹시라도 자신의 자녀가 아이들 사이에서 놀림을 당하거나 왕따를 당하거나 기가 죽지 않을까? 하는 걱정에 고민한다. 그러나 나는 현실을 잘 이해하고 사실을 받아들였다. 더 내려갈 곳이 없으니 성적에 대한 걱정은 나와는 거리가 멀었다.

가끔 마주치는 몇몇 한국 엄마들의 이야기는 항상 자녀 공부에 관한 이야기다. 어떻게 하면 ESL(English as a Second Language)를 빨리 나와서 본 수업에 참여할 수 있느냐에 관한 것이다. ESL(English as a Second Language)는 영어로 수업을 따라갈 수 없는 학생들을 위해서 특별반을 운영하는 것을 말한다. 특별반 선생님이 학생이 정규 수업에 참여할 수 있다고 판단을 해야만 정규 수업에 참여할 수가 있다. 엄마들은 자녀가 빨리 ESL 반을 나올 수 있도록 집에서 레슨 선생님을 붙여서 아이들을 재촉한다.

준비도 없이 학교에 입학한 큰 아이가 스트레스 없이 학교에 잘 적응하고 있다. 집에서 별도의 사교육 없이 학교에서 알아서 공부를 시켜 주니 이보다 더 좋은 레슨이 어디에 있을까. ESL(English as a Second Language)는 최상의 사교육이라고 생각했다. 아이에게 어떤 스트레스도 주지 않았다. 수업에 참여할 수 있는 충분한 실력이 된다면 선생님이 평가하고 정규 수업에 참여를 허락한다. 집에서 레슨을 붙이고 허둥거릴 이유가 전혀 없다.

매 학기 성적표가 나오면 담임선생님과 면담을 한다. 담임선생님은 큰아이가 수업에 잘 따라와서 문제가 없으니 걱정하지 말라고 하였다. 성적표에 점수가 매겨지는 것이 아니므로 나 역시도 크게 신경 쓰지 않았다.

필자는 자녀 교육에 대한 분명한 원칙과 방향을 가지고 있다. 자녀에 대한 올바른 기준과 판단을 하고 현실을 정확하게 받아들여야 한다. 우리 아이는 더 내려갈 곳이 없고, 올라갈 일만 남았으니 얼마나 좋은가.

성적표를 무시했다.

초등학교의 성적표는 큰 의미가 없다고 무시하라고 말하고 싶다. 부모가 자녀의 초등학교 성적에 지나친 관심과 부담을 가진다면 자녀에게 상처를 입히는 결과를 가져온다. 필자는 큰아이 초등학교 성적표는 단지 학업에 대한 선생님의 평가로 받아들였다. 성적표에 큰 의미를 부여하지 않았다. 성적표를 무시하지 않았다면 우리 큰아이는 학교생활이 즐겁지 못했을 것이다.

둘째는 로컬 유치원을 나와서 로컬 공립학교에 입학했다. 홍콩의 교육 제도와 부모의 관심은 한국과 비슷한 점이 많다. 나는 둘째 학교 공부에 도움을 주지 못했다. 나는 초등학교 1학년 산수도 도와줄 수 없는 엄마가 되었다. 답답하고 안타깝지만, 광동어를 모르니 방법이 없었다. 로컬 공립학교에 다니면서 둘째가 과연 수업을 쫓아갈 수 있는지 의심스러웠다. 반에서 중간 정도만 한다면 성공이라 생각했다. 바닥을 헤매더라도 3학년까지는 계속 보낼 계획이었다. 언어를 배우려면 우리가 생각하는 것보다 더 많은 시간이 필요하다는 것을 알고 있기 때문이다.

둘째는 나름으로 열심히 노력하는 모습을 보였다. 둘째의 첫 중간고사 성적은 나를 놀랐게 했다. 꼴찌만 면해도 다행이라고 생각했는데, 좋은 성적에 남편과 나는 올바른 선택을 했다는 자신감이 생겼다.

처음 학교에서 공부를 시작할 때 두 아이다 실력으로는 거의 바닥이었다. 집에서 학교 교재를 가지고 선행 학습을 하지 않았다. 집에서는 필요하다고 생각하는 것을 꾸준하게 공부했다. 성적에 들어가지 않고 표시 나지 않는 만다린, 피아노, 영어책 읽기, 수영 등을 하였다.

선생님도 때론 틀렸다

둘째는 로컬학교에서 국제학교로 옮기면서 2학년에서 4학년으로 월반하였다. 처음으로 영어 공부를 정식으로 하게 되었다. 나는 너무나 둘째가 대견했다. 영어 사교육 없이 로컬 학교에서 국제 학교 4학년으로 전학을 하였기 때문이다.

담임선생님과의 첫 면담에서 수업에 따라갈 수 없으니 레슨을 반드시 시키라는 강력한 권고를 받았다. 둘째의 영어 실력은 많은 문제가 있다고 했다. 레슨을 시키지 않으면 공부를 따라갈 수 없다고 하였다. 담임선생님은 나에게 아는 레슨 선생님의 연락처를 주었다. 내가 선생님에게 부탁한 것은 아니다. 많은 학부모가 선생님과의 면담 시간에 레슨 선생님 소개를 부탁하는 것 같았다. 면담 후 담임선생님의 아이들에 대한 무관심에 화가 났다. 아이들 각자의 상황이 다르다는 사실을 외면하고 있다. 둘째는 영어를 정식으로 배우지 않았다. 학교와 사회는 개성을 가진 아이들을 하나의 틀 안에서 평가하려는 잘못된 평가 방식을 고집한다. 담임선생님이 아이의 특수한 환경을 조금이라도 알고 이해를 했다면 어땠을까?

면담이 끝나고 나와 남편은 쉽게 가라앉지 않는 화를 달랬다. 담임선생님이 우리 아이에 대해서 얼마나 알고서 그런 조언을 했을까 궁금했다. 둘째는 영어를 TV와 컴퓨터, 책을 통해서 배웠다. 문법은 배우지 않아서 작문이 자연스럽지 않았다. 단어는 들리는 대로 적어서 철자가 엉망이다. 하지만 내용 전달은 문제가 되지는 않았다. 이렇게 알게 된 영어로, 광동어를 배웠다. 로컬 유치원에 다니면서 광동어를 말하기 시작했고 작문을 배웠다. 영어는 공부가 아니라 모국어처럼 자연스럽게 받아들였다. 영어로 말하고 듣는 것은 가능하나, 또래의 아이와는 차이가 크게 났다. 국제 학교로 전학을 온 것은 갑작스럽게 일어난 일이라 어떤 준비도 하질 못했다. 1학년부터 국제 학교에 다니고 면접을 위해 레슨을 받은 아이들도 첫 번째 면접에 떨어지는 경우를 종종 보았기 때문이다. 연습 삼아 보았던 학교 면접에 합격해서 학교를 옮기는 결과가 되었다.

담임의 강력한 권고에도 나는 레슨을 붙이지 않았다. 우리 아이는 시간이 필요했다. 새로운 언어를 받아들이고 적응하는데 최소한의 시간이 필요한 것이다. 나는 이 사실을 알고 있기에 선생님의 조언을 무시했다. 선생님의 말씀을 전적으로 믿고 따랐다면 레슨을 붙이고 계속 아이를 재촉했을 거다. 자녀를 가장 잘 아는 사람은 부모다. 자녀의 실력을 정확하게 판단하고 인정하면 많은 문제가 해결된다. 부모는 자녀에 대해 사심을 버려야 한다. 주위의 말에 흔들리면 짧은 시간에 성과를 볼 수도 있지만, 장기적으로는 좋은 결과에 도달할 수 없다는 사실을 깨달아야만 한다.

공부에 도움이 되는 부모의 자세

결혼을 통해 부부는 가정이라는 작은 공동체를 만든다. 일반적으로 결혼하고 자녀가 태어나면서, 부부는 부모라는 새로운 역할을 준비 없이 맞이한다. 첫째 자녀의 경우는 많은 부부가 부모의 역할이 더 힘겹게 느껴진다.

가정이나 학교에서는 공부에만 전념하는 생활을 해왔다. 사회에서조차 공부가 청소년의 전부라고 치부했다. 자신도 모르게 본인의 생각이라고 알고 있는 것들이 사회와 매스컴이 만들어 놓은 선입견들이란 사실을 깨달아야 한다.

부모는 자신이 가지고 있는 기성세대의 선입견들을 버려야 한다.

사랑스러운 자녀와 대화를 하기 위해 마음을 비우고 순수해져야 한다.

자녀와 눈높이를 맞추려고 노력해야 한다.

부부가 먼저 위의 내용을 받아들인다면 자녀에 관해 대화하면서 언성을 높일 필요가 없어진다. 쉬운 일이 아니란 것을 잘 알고 있다. 자녀는 부부의 유전자를(DNA) 가지고 태어났다. 본인이 선택한 것도 아니고 원한 것도 아니다. 부모는 자녀를 있는 그대로 인정해야만 한다. 나를 닮은 자식이기 때문이다. 부모 자신의 어린 시절을 떠올려 보아라.

나의 부모가 나를 자랑스럽게 생각하고 만족하였을까?

역사를 알아야 하는 것은 과거의 잘못을 반복하지 않기 위해서다. 나의 과거를 돌아보고 나의 부모님을 생각한다면 우리 자녀에 대해서 바라보는 시각이 변할 수 있다.

나 자신이 싫어하는 것들을 우리 아이가 갖고 있다.

그것은 내가 그 아이의 부모이고 그 아이는 나의 자녀이기 때문이다.

02. 칭찬은 자립심의 시작과 완성이다.

즐거운 목욕시간

"엄마, 언니랑 목욕할 거예요."

"그래"

목욕탕 안이 시끄럽다. 무슨 놀이를 하는지 둘이서 웃고, 날 리가 아니다. 한참이 지나서 두 아이가 목욕탕 밖으로 나왔다. 큰아이 등에 비누 거품이 묻어 있고, 작은 아이는 머리 뒤쪽에 거품이 잔뜩 묻어있다. 목욕하는 것인지 장난을 하는 것인지 알 수가 없을 정도지만 자매는 매일 함께 목욕한다. 물을 받아 비누 거품을 풀고 장난감을 가지고 둘이서 한동안 수다 떨면서 목욕을 끝내고 나오면 비누 거품이 몸 중간마다 남아 있는 것이다. 몸에 거품이 많지 않으면 모르는 척 눈감아 준다. 이렇게 우리 아이들 목욕은 끝이 난다. 목욕이 끝난 아이들의 일상적인 모습이다. 굳이 내가 다시 씻으라고 하지 않으면 비누 거품에도 아랑곳하지 않고 수건으로 몸을 닦고 옷을 입는다.

나는 아이들 목욕 시킨 기억이 잘 나지 않는다. 아니 솔직하게 말하면 아이들 목욕은 각자 알아서 할 때가 많았다. 둘째가 3살 경부터 목욕은 큰아이가 도맡아서 했다. 나는 웬만하면 아이에게 잔소리하지 않으려고 노력한다. 잔소리할 것 같으면 내가 직접 해버린다. 아이에게 일을 맡길 때는 일에 대한 책임과 권한도 함께 주어야 한다. 목욕을 깨끗하게 끝내야 하는 것은 엄마의 생각일 뿐이다. 아이는 몸에 거품이 묻어 있어도 신경 쓰지 않는다. 신경을 쓰고 불편한 것은 아이가 아니라 어른의 관점에서 받아들이는 어른의 문제이다.

나는 아이들이 할 수 있는 일은 아이들이 하도록 최대한 간섭을 하지 않았다. 스스로 할 수 있는 일을 하면서 성취감을 느낀다. 언니는 동생을 돌봐야 한다는 책임감을 느끼는 계기도 된다. 부모는 마음에 들지 않더라도 아이의 행동에 믿음을 가지고 기다려 줄 수 있어야 한다.

냉정한 엄마

"밥 준비됐다"

"어서 와서 밥 먹자"

나는 아이들 밥을 따로 차려 준다. 아이들이 공부도 하고, 그림도 그리는 테이블에 두 자매의 식사를 준비해준다. 나와 남편은 식탁에서 밥을 먹는다. 밥을 먹는 동안 나는 아이들 밥 먹는 것은 신경 쓰지 않는다. 둘째가 밥을 테이블에 흘려도 반찬을 떨어뜨려도 나는 아랑곳 하지 않고 식사를 한다. 두 자매는 수다를 떨어가며 밥을 먹는다. 아이들 식사가 끝나면 테이블 주위는 밥과 반찬이 널려있다. 내가 옆에서 조금 도와준다면 집안도 깨끗하고 아이들도 빨리 식사를 끝낼 수 있다.

우리 부부는 아이들 간섭 없이 식사를 끝낸다. 아이들도 거실에 잔뜩 밥풀을 흘리고 맛있게 식사를 마친다. 식사 시간에 밥을 먹지 않으면 나는 바로 테이블을 치운다. 아이에게 밥 먹으라고 소리를 치지도 않는다. 수저를 들고 아이들을 따라다닌 적도 없다. 제때 밥을 먹지 않으면 우리 집에서는 굶어야 한다. 좋아하지 않는 음식은 억지로 먹이려고 노력하지도 않는다. 싫은 것을 먹이려고 애쓴다고 아이가 엄마의 말을 듣지는 않는다. 아이의 행동이 엄마의 노력으로 이루어진다면 얼마나 좋겠는가? 결과를 알고 있으면서 노력할 필요는 없다.

유치원이나 어린이집에서 혼자 잘 먹던 아이들도 엄마만 보면 손에 깁스한 것처럼 행동한다. 아이를 잘 양육하는 것은 부족한 부분을 옆에서 채워주는 것이다. 혼자 설 수 있도록 지켜보는 것이다. 부모들의 과잉보호는 아이들의 독립적인 사고나 자립심을 무너뜨리는 원인을 제공한다.

주부가 집안이 엉망이 되는 것을 지켜보기는 쉽지가 않다. 아내는 남편과 아이에게 정리 정돈을 요구한다. 가정을 위한다고 하는 엄마의 말은 언제나 잔소리가 되어 식구에게 스트레스를 준다. 아이는 스스로 무엇인가를 하고 싶어 하고 호기심이 많다. 유아 관련 공부를 하지 않아도 아이들을 조금만 관찰하면 알 수가 있다. 집안에서 엄마가 조금만 눈 감아 주면 온 가족이 엄마의 잔소리를 덜 듣는다. 나는 지금도 잔소리를 적게 하려고 의도적으로 노력을 하고 있다.

개성을 존중해라

아이마다 각각의 개성이 있다. 한 부모의 자식이라도 제각각의 성격을 타고난다.

"화장대에 있는 엄마 화장품을 건드리면 안 돼."

"네, 엄마"

"여기 있는 종이도 건드리지 마"

"네"

"여기 잠시만 그대로 있어."

"네"

네가 종종 큰아이 경험담을 말하면 사람들은 믿지를 않는다. 큰아이 때는 화장대의 화장품을 치우지 않았다. 집안의 어떤 물건도 아이 때문에 치우지 않았다. 벽에 낙서도 하지 않았다. 주의 줄 것이 있으면 나는 아이에게 말로 설명을 했다. 큰아이는 나의 말을 너무 잘 이해하고 따라 주었다. 나는 엄마가 잘 설명하면 아이는 엄마의 말에 잘 따른다고 생각했었다. 둘째가 태어나기 전까지 나는 점잖은 엄마였다.

둘째는 좀 달랐다. 작은 아이가 손에 닿을 만한 물건은 모두 치워야 했다. 벽에 낙서하지 말라고 하는 순간 "네"라면서 낙서를 하곤 했다. 나는 집안의 벽을 아이 키 정도 되는 마분지로 사방을 다붙였다.

"이제 마음대로 그림을 그려"

"벽에 아무거나 그려도 괜찮아"

2년 동안 우리 집 벽은 마분지가 붙어 있었다. 낙서해서 공간이 없어지면 나는 새것으로 붙였다. 2년 정도 지나니 둘째는 벽에 그림 그리는 것에 흥미를 잃었다.

자녀의 개성을 파악하면 부모는 개성에 맞는 양육을 하여야 한다. 큰 아이는 설명하면 그대로 따랐다. 둘째는 내가 설명을 하여도 아랑곳하지 않았다. 자기가 하고 싶은 것은 일단 하려고 했다. 자기 의견과 다를 때는 끝없이 질문하였다. 점잖은 나도 둘째의 질문에 답을 하다가 대답이 궁해질 때는 아이의 입을 손으로 막아 버렸다. 바람직하지 않지만 둘째를 가진 엄마들의 공통점은 인내에 힘이 부친다. 이론을 현실에 적용하는 것은 쉬운 일이 아니다.

자신을 사랑할 수 있도록 칭찬한다.

방송이나 책에서 칭찬의 중요성을 강조하고, 칭찬은 아이에게 좋은 영향을 미친다고 알고 있다. 나도 일정 부분 동의하지만, 칭찬도 때와 장소를 구별해야 한다는 것이 나의 주장이다.

　필자의 자녀 교육은 칭찬보단 정직함이 우선이었다. 처해있는 환경을 정확하게 인식하고 판단한다면 크게 잘못되는 것은 없을 거로 생각한다. 내가 말하는 정직함은 포괄적인 의미를 포함한다.

　"엄마, 나 예뻐요"

　"그럼, 예쁘지"

　"아니, 엄마 솔직하게 말해 주세요.""탤런트 OOO보다 예뻐요?"

　"엄마 딸이라 생각하지 말고 솔직하게"

　"어~~어, 사실 그 정도로 예쁘지는 않지!"

　"엄마, 엄마는 진짜 엄마 맞아요."

　"엄마일 때는 최고로 예쁘지, 엄마 딸이니깐…."

　가끔 둘째가 나에게 하는 질문이다. 나는 언제나 같은 대답을 한다. 엄마로서 내 딸은 세상에서 제일 예쁘다고 말하지만, 탤런트 OOO보다는 예쁘다고 말하지 않는다. 대신에 너는 개성 있는 얼굴이라 더 예쁘다고 이야기한다. 서양 사람들처럼 두꺼운 쌍꺼풀은 없지만, 동양인의 개성이 넘친다고 칭찬한다. 자신을 특별한 존재로 생각할 수 있도록 칭찬한다.

경제력은 특권이 아니다

중, 고등학교에는 매년 여행이나 탐사, 모험, 봉사 등 활동 기간이 있다. 이때는 모든 학생이 자기가 원하는 그룹에 들어가 활동을 한다. 미국을 여행하기도 하고 유럽을 여행하기도 한다. 동남아 봉사 활동을 가는 그룹도 있다. 홍콩에 남아서 윈드서핑(windsurfing)을 배우는 일정도 있다. 가는 지역마다 비용이 엄청나게 차이가 있다. 아이들이 가고 싶은 곳이 있으나 언제나 학생들은 부모의 경제 사정에 맞추어 결정한다. 우리 부부는 아이들에게 설명한다. 왜 갈 수가 없는지, 엄마 아빠의 사정으로는 어느 선까지 가능한지를 솔직하게 말하면 아이들은 이해하고 받아들인다.

필요한 물건이 아니어도 아이들 사이에 유행이 되면 너도나도 하나씩 가지고 있다. 사야 하는 이유가 친구들이 다 가지고 있기 때문이다. 친구들이 다 가지고 있는 것을 본인의 아이만 없다면 엄마들은 친구 사이에 따돌림을 받을까 불안해한다. 나는 아이들 사이에 유행하는 것이 있어도 사는 것을 허락하지 않았다. 필요한 물건일 경우에는 조금 비싼 것도 가능한 한 사주었지만, 유행하는 것을 무조건 사는 것은 허락하지 않았다. 초등학교 시절 우리 아이들은 한국 아이들이 다 가지고 있는 것을 갖고 있지 않은 유일한 한국 아이였다.

한국에서 수학여행을 선택해서 간다고 할 때 학부형들이 자신의 아이들이 기가 죽을까 염려해서 반대한다는 기사를 접했다. 부모의 능력이 자녀에게 부끄러운 대상이 되면 안 된다. 자신 있고 당당하게 받아들일 수 있는 용기와 자신감을 키워야 한다. 부모도 자녀가 학교와 사회에 당당하게 나설 수 있는 힘을 기를 수 있도록 북돋아 주어야 한다.

부모님들은 정직하게 자녀를 양육하는가?

혹시 부모님들이 자신의 처지를 받아들이고 싶지 않은 것은 아닌가?

우리는 자유 경제 사회에 살고 있다. 모두가 경제적으로 동등하지 않다. 우리는 자신이 감당할 수 있는 경제 활동을 해야 한다. 자녀를 핑계 삼아 평등을 요구할 수 없다. 부모들이 주장하는 평등은 평등이 아닌 불평등을 의미하는 것이다.

나는 부모들이 정직해야 한다고 생각한다. 자녀들이 이 세상에 어떻게 대비하고 준비해야 하는지를 어렸을 때부터 생각하고 계획을 세울 수 있도록 도와주어야 한다. 어렸을 때부터 독립적인 사고는 중, 고등학교에서 공부에 대한 분명한 동기가 생긴다. 미래에 대한 계획을 세우게 되고, 미래에 대한 계획을 세운 자녀는 반드시 좋은 미래가 기다리고 있다.

03. 호기심과 창의력은 동기를 부여한다.

"카톡, 카톡" 소리가 들린다.

(새벽 1시다 분명 영국에 있는 큰딸이 보낸 카톡이다)

"엄마 시간 날 때 보세요."

(좋은 영화나 노래, 혹은 다큐멘터리가 있으면 꼭 추천한다)

영화 감상은 최고의 교재다.

우리 부부는 영화를 좋아한다. 한국에 있을 당시는 비디오 가게가 한창 유행이었다. 매일 퇴근하고 집으로 오는 길에 남편은 꼭 비디오 가게에 들러 영화를 빌려와서 거의 매일 밤 영화를 보곤 했다. 나는 영화를 보기 전에 평론가의 비평을 읽거나 수상을 한 작품을 고른다. 내가 가장 좋아하는 장르는 인간적인 삶에서 사랑과 고민을 던져주거나, 실화를 바탕으로 만든 작품들이다.

아이들이 어릴 때는 주로 가족 영화나 디즈니 영화를 보았다. 영화를 함께 감상하고 영화에 관해서 이야기한다. 우리는 영화 속의 주인공이 되어 영화 속으로 들어간다.

주인공이 내린 결정이 과연 최선이었을까?

다른 길을 선택할 수는 없었을까?

나라면 어떻게 했을까?

이렇게 아이들과 이야기를 하면서 엄마 의견에 치우치지 않고 스스로 고민하고 해결책을 찾는 기회를 얻게 한다. 중고등학교 때는 가족을 중심으로 하는 영화를 보고 난 후 가족의 중요성과 자녀와 부모의 역할 등에 관해서 이야기를 나눈다. 사회적인 문제를 다룬 영화는 민주주의와 정치 등 사회 전반에 걸친 정치 경제에 관해서 생각하는 시간을 가지고 의견을 나눈다. 영화의 단골 주제인 사랑 관련 영화도 빠짐없이 보는 장르이다. 아이들과 함께 영화를 보면서 눈물 콧물을 흘리면서 감정에 몰입하곤 한다. 영화 감상 후 우리는 주인공들의 사랑에 관해 이야기한다. 이렇게 세상의 간접 경험을 통해 부모가 알려주고 싶은 이야기들을 전달할 수 있다. 사회의 구성원으로 살아가기 위해서 준비해야 할 일 들에 관해서 스스로 생각하고 고민하는 기회가 된다. 사회 현상을 판단할 수 있는 능력은 청소년들도 충분하다. 어른이 생각하는 것만큼 어리지는 않다.

어떤 사랑을 하고 어떻게 가정을 꾸려야 하는지에 고민을 한다면 젊은 시절 방황을 빨리 마무리할 수 있다고 본다. 어린 시절 삶에 대한 많은 고민은 비록 나이는 어리지만 성숙한 인격을 갖추는 지름길이다. 미래에 대한 설계를 통해서 올바른 학창 시절을 보낼 수 있다고 필자는 믿는다.

1, 폭력적인 영화는 가능한 감상하지 않는다.

폭력적인 장면을 즐겨보거나 환경에 노출이 된 어린이들은 성인이 된 후 학습 효과 때문에 쉽게 폭력적인 행동이 나타날 수 있다.

2, 성적으로 문란한 영화.

성에 대한 올바른 교육 없이 성에 관한 문란한 영화를 접하게 되면 호기심으로 인해 범죄의 사각지대에 놓이게 된다.

3, 아이들에게 악영향을 끼친다고 생각되는 영화

사회나 가정의 부정적인 모습은 화목한 가정을 꿈꾸는 기회를 앗아갈 수 있다. 역사에 대한 바른 해석보다는 흥미 위주의 미화된 영상으로 잘못된 역사관을 갖게 된다.

영화의 놀라운 기술력과 짜임새 있는 구성은 책 못지않게 우리 생활에 큰 영향을 미친다. 자녀와 부모에게 대화의 주제를 던져준다. 부모가 논리적으로 하는 말보다 한 편의 영화에서 깨닫는 사고가 자녀에게 더 도움이 될 수 있다.

자녀에게 도움이 되는 영화를 준비하고 눈에 띄는 곳에 놔두어라. 한 편의 영화가 인생의 큰 설계를 만들 수 있다.

전집을 사지 않는다.

아이들과 서점을 가면 여러 종류의 책을 찾아볼 수 있다. 인터넷 서점이 저렴하지만, 책을 살 때는 서점에 가서 구매한다. 책을 싸게 사는 것보다 보이지 않는 효용의 가치를 먼저 생각한다. 아이들과 함께 책을 고르고 앉아서 읽기도 하고 어떤 것을 고를지 고민도 한다. 이런 방법으로 책을 사면 아이들은 책에 대한 애착을 많이 갖게 된다.

큰아이는 내용도 중요하지만, 디자인이 예쁜 책을 선호한다. 썩 좋은 선택은 아니지만 나름 괜찮은 방법이라 생각한다. 좋아하는 작가의 책을 가지고 싶어 한다. 이런저런 이유로 책을 가까이한다면 나는 다 환영한다.

부모가 결정해서 사는 전집은 아이들에게 큰 매력이 없지 않을까. 직접 한 권씩 산 책은 나름 책마다 이야기가 담겨 있다. 엄마와 함께 간 서점, 가족이 함께 고른 책 등등….

스스로 원하는 것을 결정할 기회를 아이들에게서 빼앗지 말아야 할 것이다. 한 권의 책을 사서 읽고 난 후 또 다른 책을 사고 싶다는 욕망을 갖게 하는 것 역시 좋은 공부법이라 생각한다.

책을 통해서 인생의 간접 경험을 할 수 있다. 독서는 우리 삶에 영향을 미치는 중요한 수단이다. 자녀가 책을 가까이할 수 있도록 다양한 방법을 제공해야 한다. 부모가 준비하는 책이 아니라 직접 생각하고 결정해서 자신의 돈으로 살 수 있는 책이면 더 좋다.

놀이 공간을 책 읽는 장소로 만든다.

첫째가 3살 때부터 나는 장난감이나 소꿉놀이할 수 있는 것을 직접 만들었다. 대형 TV 상자나 냉장고 상자는 놀이 공간을 만들기 좋은 재료이다. 큰 상자로 아이의 놀이방을 만들어 주었다. 문을 만들고 창문을 만들었다. 상자 안과 밖은 예쁜 포장지로 벽지를 대신 했다. 상자 바닥은 작은 카펫으로 깔아 아늑한 자신만의 공간을 만들어 주었다. 창문에는 천으로 만든 커튼도 달아 주었다. 엄마가 만들어준 예쁜 놀이방이 완성되었다. 큰아이는 엄마가 만든 놀이방을 좋아했다. 첫째는 작은 책상을 가지고 들어가서는 책을 읽기도 하고 인형을 가지고 놀기도 하였다. 상자 안 한쪽에는 책꽂이에 책을 진열해 놓았다. 큰아이는 놀이방에서 주로 책을 읽고, 그림을 그린다.

엄마가 직접 만든 공간은 아이에게 많은 애착을 갖게 한다. 마음껏 사용하고 망가지면 버린다. 또 다른 상자로 새로운 공간을 다시 만든다. 아이가 도울 수 있는 나이면 함께 만들면 더욱 좋다.

홍콩에 와서도 나는 둘째에게 큰 상자를 이용해 놀이 공간을 만들어 주었다. 둘째는 항상 많은 책을 들고 상자 안으로 들어가 책을 읽곤 하였다. 아이들과 함께 만드는 공간은 체험을 통해 창조적인 생각을 하는 동기를 줄 수 있다.

시중에는 돈을 주고 살 수 있는 좋은 장난감이 많이 있다. 시간과 노력을 쓰는 대신 부모는 손쉬운 방법을 선택한다. 때론 좋은 제품을 사주는 것이 아이의 자존감을 높이고 부모의 역할을 잘 하는 것으로 생각한다. 그러나 나는 아이와 직접 만들어서 사용하기를 권한다. 아이의 창의력과 상상력은 미술 학원에서 배우는 것이 아니다. 직접 자기 손으로 만드는 과정에 만들어진다. 계속해서 새로운 것을 만들면서 아이의 창의력과 상상력이 발전한다.

부모는 자녀가 호기심으로부터 공부를 시작할 수 있도록 공부의 소스를 찾아야 한다. 어렵고 복잡한 것이 아니라 단순한 것에서부터 시작하면 된다. 엄마는 아이가 호기심을 갖도록 먼저 시작을 하면 된다. "…해라"가 아니라, 일단 시작하고 자녀의 도움을 청하기만 하면 된다.

04. 운동은 뇌의 근력을 키운다 .

결혼 후 첫째를 임신하고서부터 나의 몸무게는 늘어만 갔다. 오후에 아이들 그룹 지도를 마치면 보통 8시가 되었다. 그 시간에 허겁지겁 저녁을 준비하면 남편이 직장에서 돌아왔다. 남편과 나는 늦은 시간에 저녁을 배 불리 먹는다. 사실 난 먹는 것을 좋아한다. 아이스크림, 초콜릿, 크림이 듬뿍 있는 빵 등 다이어트와 거리가 먼 것들을 특히 좋아한다.

출산한 후에도 나의 몸무게는 멈추지 않고 계속 늘어났다. 홍콩으로 갔을 때 남편은 나의 건강과 아이들을 위해 수영장이 있는 아파트를 얻었다. 지금은 한국도 수영장이 있는 아파트가 많이 있지만 22년 전에는 수영장이 있는 아파트는 나에게 특별한 혜택이었다. 두 아이와 나는 학교에서 돌아오면 바로 수영장으로 달려간다. 나는 물에서 뜨는 정도였고 수영을 할 줄 몰랐다. 우리는 매일 출근하다시피 수영장에 갔다. 서당 개 3년이면 풍월을 읊는다고 매일 수영장에 가다 보니 어느 날 물속이 편안한 느낌이 들었다. 물속에 있을 때 편안함을 느끼면서 수영 실력이 좋아졌다.

운동은 선택이 아닌 필수

첫째는 학교에서 수영을 배웠다. 둘째는 18개월 때부터 팔에 튜브를 끼고 수영을 시작했다. 특별한 일이 없을 때는 매일 수영장에 다녔다.

그래서인지 우리 아이들은 크게 아픈 기억이 없다. 어려서부터 근력을 키우고 기초 체력을 만들었기 때문일 것이다. 학교 수업에 수영이 포함되었고, 학기 시작할 때면 항상 수영 시합을 해서 수영반 레벨을 나눈다. 두 자매는 학교 수영 대회에 하우스(학교에서 학생들을 학년과 관계없이 4~5개의 하우스로 나누어 행사하거나, 단체 활동을 통해 점수를 매겨 순위를 정한다.) 대표로 매번 참석했다.

영국 학교에서 수영은 중요한 과목 중의 하나이다. 학교 학기 내내 수영을 하였던 것 같다. 고학년에서 수영은 운동이 아니라 생존을 위한 훈련이었다. 옷을 입고 가방을 메고 물에서 수영하는 훈련을 받는다. 비상시 물에서 사람을 구하는 방법도 수업 시간에 배워야 한다. 수영은 자신을 보호할 수 있는 수단이 될 수도 있고, 누군가를 도울 수 있는 기술이기도 하다.

우리 부부는 운동을 좋아한다. 시간과 조건이 허락할 때면 가족과 함께 운동한다. 두 아이가 중학생이 되었을 때부터 함께 탁구를 하고 배드민턴을 했다. 배드민턴은 복식을 하면서 내기를 하기도 한다. 지금도 우리는 복식으로 배드민턴 경기를 할 때면 최선을 다한다. 게임에 저녁 값이 달려있기 때문이다. 섬으로 놀러 가거나, 야외에 갈 때면 자전거를 탄다. 자전거로 홍콩 외곽 자전거 도로를 4시간씩 타기도 했다. 처음에는 죽을 것처럼 힘이 들었지만, 남편의 격려와 아이들의 응원에 포기할 수가 없었다. 가족과 함께 하는 즐거움이 내가 완주하는 원동력이 되었다.

테니스는 비싼 레슨비와 시간 조절이 어려워 오래 배울 수는 없었다. 아이들은 테니스의 기초만 배웠다. 아이들은 가끔 남편과 함께 복식으로 경기를 하곤 했다. 청소년들에게 권하고 싶은 운동 중 하나이다.

가족과 함께 운동하고 시간을 보내는 것은 아이들에게 좋은 추억을 남겨준다. 매일 TV 앞에 앉아서 생각 없이 시간을 낭비하는 습관에서 벗어나게 한다. 공부에서 오는 부담과 스트레스를 운동으로 푸는 방법을 배우는 좋은 기회가 된다.

운동은 기분을 전환하고 활력을 넣어주는 가장 좋은 방법이다. 부모가 아이들과 함께 즐길 수 있는 운동이라면 더욱 바람직하다. 더 나이 들기 전에 아이들과 함께 운동하는 부모가 되기를 바란다.

고학년이 될수록 공부를 하기 위해서는 튼튼한 체력이 필요하다. 특히 외국 대학을 진학한다면 공부는 체력이란 사실을 명심하기 바란다. 공부에 재능이 있고 공부를 하고 싶어도 체력이 받쳐주지 못하면 어떤 결과도 바랄 수가 없기 때문이다.

05. 계획은 스스로, 보상은 엄마가

첫째와 둘째는 만 4살 차이가 난다. 일반적으로 둘째들이 욕심이 많고, 경쟁심도 강하다. 첫째는 부모의 사랑과 친척들의 관심을 한 몸에 받고 자란다. 둘째는 태어나면서부터 언니와 모든 것을 나누어 가져야 하는 환경에 놓인다. 즉 둘째는 선택의 여지가 없는 경쟁 속에서 출발해야 한다. 자녀 교육에 있어 부모는 자녀의 개성과 성격을 잘 파악하고 알맞은 계획과 실천을 해야 한다. 더불어 부모의 교육관, 주어진 환경을 고려하는 것도 필요하다.

국제학교는 방학뿐만 아니라 중간중간 노는 날이 많다. 처음에는 비싼 학비를 생각하면 화가 나서 남편과 학교와 학비에 대해 불평을 하곤 했었다. 그러나 2, 3년이 지난 후에는 조금씩 무감각해졌고, 나도 나름대로 계획을 세우고 실천했다. 추수 감사절, 부활절, 가을 여행 등등 학교가 중간 방학을 할 때면 아이들과 계획표를 만들고 실천을 했다. 첫째가 초등학교 3학년 때부터 방학이 되면 아이들 스스로 계획을 세우게 했다. 아이들과 방학 동안 하고 싶어 하는 것들에 관해 이야기한다. 아이들이 날마다 할 수 있는 만큼의 공부 시간을 정하게 한다. 스스로 만들어 놓은 계획표를 가지고 나는 아이들과 진지하게 하나씩 의견을 나누면서 최종적인 방학 계획표를 만든다.

실천하는 계획표

매일 공부해야 하는 과목은 수학, 만다린(중국어), 책 읽기, 피아노 연습, 운동, 컴퓨터로 공부하기 등등이다. 계획표는 일주일 단위로 변경할 수 있다. 계획표의 과목들은 20분 30분, 40분으로 나눈다. 아이들이 먼저 시간을 정하고 나서 함께 검토하고 결정한다. 나는 가능한 아이들의 의견을 존중하면서 계획표를 완성한다.

계획표는 날마다 실천한 것을 아이들 스스로 점검하게 한다. 일주일 단위로 나누어 계산하고 계획표의 진도대로 한 경우에는 500원, 실천하지 않는 경우는 −1000원으로 계산한다. 일주일 동안 실천한 것을 가지고 더하고 빼면 아이들에게 주는 일주일 용돈이랑 거의 비슷한 금액이 나온다. 계획표를 만드는 것은 함께 의논하지만 실천하고 계획표를 점검하는 것에는 일절 관여를 하지 않는다. 스스로 판단하고 책임질 수 있도록 기회를 주는 것이다.

중요한 과목이나 꼭 해야 하는 것들은 실천에 대한 보상을 다른 것 보다 많이 한다. 이것은 아이가 스트레스를 받지 않고 중요한 과목 공부를 하게 하는 방법이 될 수 있다.

계획표는 일주일 중 5일만 실천한다. 토요일과 일요일은 밀린 것을 보충하거나 다음 주에 해야 할 것을 미리 할 수 있도록 비워 놓았다. 직접 만든 계획표는 무리해서 해야 하는 것들이 없어서 쉽게 실천을 할 수 있다.

일주일 정산을 하면 보통 10,000원에서 15,000원 정도가 나온다. 계획대로 실천하지 않으면 벌금에 해당하는 돈을 돌려주어야 하는 경우도 생긴다. 계산하는 날이면 받은 돈을 가지고 우리는 책방으로 가서 책을 한 권 산다. 책을 사고 남은 돈은 아이들이 알아서 사용하도록 한다. 그 당시 일주일 용돈은 책 한 권을 사고 남은 돈은 과자를 사서 먹을 정도였다.

별도로 용돈을 주지 않기 때문에 계획표를 실천하고 용돈을 버는 효과까지 챙길 수 있다. 100% 실천을 하면 추가로 보너스를 주어 기대감을 높여준다.

자녀들이 공부할 수 있도록 동기를 부여하는 많은 방법이 있다. 방학계획표를 만들고 스스로 점검하고 보상을 받는 것도 이 중에 한 방법이다. 이것은 자신에 대한 책임감과 시간을 분배하는 능력을 키운다. 목표를 달성했을 때 주어지는 보상은 기쁨과 더불어, 적극적인 실천을 할 수 있도록 한다. 부모 간섭 없이 자신에 대해서 평가할 수 있다. 보상을 통해 돈에 대한 가치를 알 수 있다. 돈을 계산하고 쓰는 것은 경제관념을 기르는 기초가 된다. 보상으로 받은 돈을 가지고 직접 책을 사서 읽음으로 독서에 대해 기쁨도 얻을 수 있다. 반복된 학습을 통해 자연스

럽게 책과 가까이하게 된다. 성인이 된 후에도 책을 사고 읽는 습관을
유지할 수 있다.

실천의 효과

계획을 세우고 실천하는 것의 목적은 아이들에게 공부를 시키는 것이
아니다. 실천하는 동안 공부하는 습관이 몸에 익힐 수 있도록 돕는 것
이다. 아이들이 직접 점검하게 하므로 아이들에 대해 믿음을 보여주는
것이다. 엄마가 자녀를 믿는다는 표시이다. 가끔 소홀하게 하는 것들조
차 모르는 척 눈감아 준다. 아이는 다음날 더 열심히 실천한다. 자녀는
자기에게 주어진 시간을 관리하는 능력을 기른다. 돈을 벌기 위해서 노
력이 필요하다는 사실을 받아들인다. 책임을 다하지 못했을 때 책임을
져야 한다는 것도 알게 된다. 계획이 잘 실천되지 않을 때는 아이와 상
의해서 부분적으로 수정을 한다. 사교육에 비교하면 엄청나게 저렴한
지출이다. 아이들에게 공부하는 습관과 책 읽는 것을 스스로 할 수 있
게 하는 방법이라 생각한다. 초등학교 저학년부터 시작하는 훈련은 아
이의 자립심과 독립심을 기르는 중요한 연습이다.

방학 계획표 만드는 기본 원칙

1, 계획표에 매일 꼭 해야 하는 것들을 결정한다

2, 하고 싶은 것에 도전할 수 있는 과목 찾기

3, 함께 의논하면서 시간 조절하기

4, 평가는 일주일에 한 번

5, 평가가 끝나면 바로 보상하기

6, 보상 일부는 꼭 책사기

7, 실천에 대한 점검은 아이가 직접 점검한다.

8, 부모는 실천한 것에 대해 세밀하게 점검하지 않는다.

9, 자율적으로 하도록 간섭하지 않는다.

10, 실천할 수 있도록 칭찬을 한다.

06. TV 보기, 게임도 공부다

TV에서 금맥을 찾아라.

나는 역사 채널이나 지오그라피 채널을 좋아한다. 아이들이 어렸을 때부터 함께 본 프로그램이다. 과학 채널도 많은 정보와 새로운 기술을 접하기에 좋은 프로그램이다. 다양한 지식을 접하면서 폭넓은 지식을 접하는 기회가 되었던 것 같다. 지금도 아이들은 시간이 날 때면 보곤 한다.

아이들이 어렸을 때 부모가 드라마를 즐겨 보았다면 커서도 드라마를 볼 확률이 커진다. 맹자의 어머니가 맹자의 교육을 위해 세 번이나 이사를 한 가르침(맹모삼천지교)이 있다. 이처럼 자녀 교육이 주위 환경에 영향을 많이 받는다는 것은 잘 알려진 일이다. 드라마보다는 다큐멘터리나 역사 채널을 즐겨보았기 때문에 아이들도 자연스럽게 함께 보게 되었다. 성인이 된 지금도 우리 아이들은 드라마를 잘 보지 않는다. 특별하게 좋은 평을 받은 드라마나 본인이 좋아하는 배우가 나오는 드라마는 가끔 보는 편이다. 자녀가 어렸을 때 어떤 환경에 있었느냐에 따라 자녀의 습관이 만들어지고 성인이 돼서도 그 영향을 미친다.

TV를 통해 아이들은 많은 것을 배우고 지식을 쌓는다. 상상의 세계를 만들기도 하고 우주의 신비를 체험하기도 한다. 부모가 어떻게 이용을 하느냐에 따라 TV는 바보상자가 되기도 하고, 최상의 교육 파트너가 되기도 한다. 아이들을 위한 TV 프로그램이라 할지라도 부모는 장단점을 잘 살펴야 한다. 폭력적이고 선정적인 프로그램은 자녀에게 좋은 영향을 줄 수 없다.

역사 채널을 보다 궁금한 것이 있으면 서점에서 관련된 책을 사서 보기도 한다. 과학 채널은 항상 새로운 미래의 신기술을 소개한다. 새로운 지식은 아이들에게 과학적 호기심을 자극한다. 과학적인 사고력을 키우고 창의력을 발달시킨다.

우리에게 TV는 정말 좋은 교육 재료이고 수단이다. 내가 알려줄 수 없는 전문적인 분야의 지식을 잘 전달해준다. 마음만 먹으면 세계에서 유명한 전문가들의 강의를 들으면서 깊이 있는 교육이 이루어질 수 있다.

카드 게임

나는 아이들과 카드를 가지고 많이 놀았다. 많은 가정에서 카드나 화투를 도박이라 생각하는 고정 관념이 있다. 이런 이유로 카드와 화투를 하지 못하도록 하는 가정도 있다.

세상의 모든 사물과 현상은 언제나 밝은 면과 어두운 면을 동시에 갖고 있다. 부모뿐만 아니라 아이들도 세상의 유혹과 자극에서 벗어날 수는 없다. 우리는 자녀들이 스스로 판단하고 행동하는 능력을 키워야 한다. 부모가 자녀를 위해 희생하고 보호하는 것에는 한계가 있다는 사실을 알아야 한다. 좋은 것이든 나쁜 것이든 양면의 칼날을 가지고 있다. 부모는 자녀가 주어진 조건이나 환경을 어떻게 사용하는지를 알게 하고 어떤 목적이 있느냐에 대해 생각하는 힘을 길러야 한다.

같은 환경에서도 바람직한 결과에 도달하는 경우와 최악의 결과를 초래하는 경우를 종종 볼 수 있다. 나는 아이들에게 자극적인 환경도 적응하는 방법에 따라 좋은 소재가 된다는 것을 직접 체험하게 함으로 호기심을 사라지게 하였다.

아이들과 카드놀이를 하는 것은 우리의 일상적인 풍경이다. 카드놀이에는 다양한 게임이 있다. 카드는 아이들의 집중력을 길러주고 부모님과 함께 쉽게 할 수 있는 저렴한 교육용 교재이다.

카드 짝 맞추기

1, 카드를 모두 뒤집어 놓는다.

2, 순서를 정해서 2개씩 짝을 맞추는 게임이다

3, 짝을 맞추지 못하면 상대방 순서가 된다.

4, 앞에서 보았던 그림을 기억했다 순서가 되면 맞추는 게임이다.

5, 마지막에 많은 카드를 가진 사람이 이기는 게임이다.

나이와 관계없이 가족이 함께할 수 있는 게임이다.

숫자 나열하기

아이들의 순발력과 사고력을 길러준다.

1, 7 숫자를 내려놓고 앞, 뒤로 숫자를 맞추는 게임이다.

2, 앞, 뒤의 숫자를 예측하고 다음 나올 숫자를 생각하는 게임이다.

3, 상대방의 카드를 예측하고 수에 대한 배열과 조합 등 사고력을 증진한다.

4, 주어진 조건에서 작전을 세우고 판단을 하는 브레인 게임이다.

직접 게임판 만들기

큰 도화지에 게임판을 만든다. 그림을 그리고 스토리를 만든다. 직접 아이들과 만든 게임은 더 흥미롭고 재미있다. 게임을 직접 만들면서 아이들은 창의력을 기른다. 주사위를 던져서 나온 숫자대로 판에서 말을 전진하는 게임도 가족이 함께하기에 좋다. 부모와 함께하는 오락은 즐거움이 배가 된다. 우리가 생각하는 도박이 아니라 함께 즐기는 오락을 경험하는 것이다.

끝말잇기, 낱말 돌려 말하기 등등

많은 게임을 함께하고, 새로운 게임을 만들면서 자연스럽게 공부와 연결된 주제를 찾을 수 있다. 같은 종류 낱말 나열하기는 때와 장소를 가리지 않고 할 수 있는 게임이다. 아이들은 낱말을 생각하고 분류하면서 개념에 대해 풍부한 이해를 한다. 새로운 언어를 공부하는 방법으로도 추천한다. 우리 주변에는 많은 게임이 있다. 단순한 게임을 공부에 적용해서 아이들과 즐길 수 있도록 부모들이 고민해야 한다. 조금만 눈을 돌리고 찾는다면 게임도 공부의 한 방법임을 알 수 있다.

가족이 함께할 때면 언제나 새로운 게임에 시간 가는 줄 모르고 즐거워한다. 가족이 함께 즐기는 오락이 마땅하지 않은 사회에서 가족이 함께하는 게임은 기쁨을 가져온다.

07. "공부하지 마." 라고 말한다.

홍콩에 와서 큰아이 등교를 함께 했다. 초등학교 저학년일 경우 등, 하교를 보호자가 책임져야 한다. 아침이면 정신없이 학교 갈 준비를 하고 둘째를 유모차에 태워서 큰아이와 학교에 같이 갔다. 아침에는 지각하지 않도록 서둘러 학교로 곧장 갔다. 수업이 끝나고 집으로 올 때면 여유가 생긴다. 집으로 가는 길에 있는 큰 놀이터에 가서 마음껏 놀다 집으로 간다. 아이들이 배가 고프다고 하면 슈퍼에 가기도 하고, 맥도날드나 버거킹에도 가곤 한다.

거리의 사람들

학교 가는 길에 우리는 고가 도로 아래를 지나야만 했다. 고가도로 아래에는 거지들이 천막을 치고 살고 있다. 1995년경 한국에서는 노숙자란 단어가 생소했고, 길거리에서 숙식을 해결하는 사람들을 거지라고 불렀다. 내가 알고 있는 사람들은 거지였다. 그 당시 한국에서는 거지나 노숙자를 쉽게 볼 수 없었다. 고가 아래나 지하도에 상자를 펴놓고 생활하는 사람들은 나와 아이들에게 무서움의 대상이었다.

홍콩의 GNP가 한국보다 월등하게 높지만, 거리의 노숙자들을 쉽게 본다는 것에 놀랐다. 경제가 발전한다는 것은 모든 국민의 경제 수준이 올라가는 것이 아니다. 역설적이지만 경제의 발전은 빈부의 격차를 가속하는 원인이 되기도 한다. 부익부, 빈익빈, 소수의 사람이 부를 나눠 가진 사회, 그리고 대다수 서민이 힘들어하는 구조가 되는 것이다. 홍콩의 이런 광경도 크게 다르지는 않다고 생각한다.

아이들과 거리에서 노숙하는 사람들을 볼 때면 아이들은 항상 나에게 질문을 한다.

"엄마, 저 사람들은 왜 집에서 살지 않아요."

"왜 길에서 잠을 자요."

"왜, 그럴까?"

"저 사람들은 집이 없나요?"

"가족들은 어디에 있나요?"

이런 질문을 할 때면 나는 아이들과 좀 더 긴 대화를 나눈다.

"집을 살 돈이 없어서 길에서 사는 거야."

"왜, 집을 살 돈이 없나요?"

"엄마 생각으로는 …"

"너희처럼 어렸을 때 놀기만 하고 부모님 말씀을 잘 듣지 않았을 거야."

"공부하라고 하면, 놀기만 했을 거야."

"그래서요"

"학생이 놀기만 했으니 공부를 잘 할 수가 없지."

"그럼 좋은 학교에 갈 수도 없잖아."

"어른이 되면 어떻게 됐을까."

"직장을 구하지 못하게 되고…"

"돈을 벌지 못하니깐 집을 구하지도 못하고…"

"비가와도 날씨가 추워져도 저렇게 길에서 살아야 하겠지."

우리의 대화는 언제나 같은 결론에 도달한다. 어렸을 때는 부모님 말씀을 잘 들어야 한다는 것이다. 학생은 열심히 공부하지 않으면 길거리의 사람들처럼 된다는 것이다. 썩 좋은 방법은 아니라고 생각이 되지만 공부를 해야 할 분명한 목표를 심기는 충분했다.

공부에 소홀히 할 때면 나는 아이들에게 점잖게 말한다.

"공부하지 마"

"책은 필요한 친구들에게 나눠주고 "

"나머지는 버리는 것이 좋겠다."

둘째는 울면서 나에게 잘못했다고 매달린다. 공부는 꼭 해야 한다고 사정을 한다. 소리를 지를 필요도 없다. "점잖게 공부하지 마."라고 나는 말을 한다. 우리 아이들은 공부하지 말라고 하는 소리를 제일 무서워했다. 공부하지 않으면 어떻게 되는지를 알고 있기 때문이다.

아이가 스스로가 공부해야 한다는 무의식이 깔린 것 같아 나는 안심이 됐다. 그래서인지 특별하게 공부를 하라고 채근을 한 기억은 없다. 물론 공부를 하라고 말은 하였지만, 스트레스를 받을 만큼 정도가 심하거나 자주 하지 않았다. 공부는 무슨 일이 있어도 해야 한다고 알고 있기 때문이다.

어려서 공부를 하지 않으면 직장을 갖지 못하고, 직장이 없으면 돈을 모을 수가 없어 본인이 좋아하는 것을 살 수가 없다. 맛있는 것도 먹을 수가 없다. 우리 아이가 반드시 공부해야 하는 이유다.

경제관념을 가르쳐라

나는 아이들에게 필요한 것을 살 때는 반드시 살 수 있는 범위에 관해 설명한다. 각자의 나이와 형편에 적절한 가격을 알려준다. 아이들이 갖고 싶고, 사고 싶은 것들을 엄마가 사주지 못하는 이유를 설명하기 때문에 떼를 쓰거나 하지는 않는다. 아이들은 가지고 싶은 것을 사기 위해서는 돈이 많이 필요하단 사실을 분명하게 알고 있다. 친구들이 샀다고 사달라고 조르지 않는다. 유행하고 있는 물건을 사달라고 조르지 않는다. 부모의 경제 사정을 이해하고 있기 때문이다. 친구가 유행하고 있는 물건을 샀다면 그 아이는 부모가 돈을 많이 번다는 것을 안다. 자신보다 못한 경우는 그 아이의 부모가 자신의 부모보다 적은 돈을 버는 것도 알고 있다.

노숙자들을 보면서 나는 우리 아이들에게 공부의 필요성과 경제관념을 동시에 설명하였다.

아이들과 함께 슈퍼에 갈 때면 먹고 싶은 것을 스스로 결정하게 하였다. 살 수 있는 금액을 알려주고 가격에 맞게 결정하라고 하면서 가능하면 할인판매를 하는 것을 고르는 것이 좋을 것 같다고 귀띔을 한다.

아이들이 원한다고 선뜻 사준 기억은 별로 없다. 물건을 살 때는 분명한 이유를 설명하게 했다. 언제나 사야 하는 이유와 왜 필요한지를 이야기하게 했다. 때론 나도 사주고 싶은 것들이 있으나 가격이 비쌀 때는 허락하지 않는다. **가격이 비싸다는 것은 객관적인 판단이 아니다. 내가 처해 있는 경제적인 상황을 말하는 것이다.**

나는 아이들에게 아빠의 봉급이 넉넉하지 않다는 것을 설명해 준다. 아빠가 좀 더 열심히 일해서 돈을 더 벌게 되면 살 수 있다고 말한다. 좋은 집에 살고 좋은 물건을 사려고 한다면 어떻게 해야 하는지 질문을 던진다. 어린 나이지만 이런 설명은 충분히 이해한다. 친구는 가능한 일이지만 우리 집은 안 된다는 사실을 이해하고 받아들인다. 어려서부터 돈을 왜 벌어야 하는지를 설명하고 어떻게 써야 하는지를 스스로 파악할 수 있도록 도와야 한다.

어려서부터 공부하는 것 못지않게 경제관념도 이해할 수 있도록 신경을 쓰는 것이 중요하다.

내가 우리 아이들에게 주장하는 경제 개념은

자신의 경제 능력을 이해하고 받아들인다.

자기 수준에 맞는 소비 생활을 해야 한다.

나는 무조건 절약하는 생활은 동의하지 않는다. 수준에 맞는 경제 활동과 소비가 사회를 움직이는 원동력이 된다는 생각을 한다. 기회가 주어진다면 새로운 세상을 경험할 수 있도록 기회를 주어야 한다. 세상이 넓다는 것을 보고 느낄 수 있어야 한다. 삶의 목표를 높게 가질 수 있도록 세상을 보는 눈을 가져야 한다. 즉 목표에 대한 열정을 심어주는 것이다. **현재 내가 처해 있는 것을 인정하지만 이것은 한 시점이고 영원하지 않다는 사실을 명확하게 아는 것이다.**

내 멋대로 외국어 공부법 7가지

01. 녹화와 편집의 고수되다

큰 아이를 등교시키고 난 후 둘째와 집에서 TV를 보면서 시간을 보낸다. 영어 방송, 보통화 방송, 광동어 방송 중에서 선택해야 했다. 평소처럼 TV 시청을 하다 우연히 홍콩 교육 방송을 보게 되었다. 매일 15분씩 유치원부터 고등학교까지 과목별로 방송을 한다.

한국에서 하는 EBS와 같은 교육 방송이다. 한국에서 보던 교육 방송과는 아주 달랐다. 아이들 영어 공부에 도움이 많이 될 것 같은 생각이 들었다.

홍콩 교육 방송 녹화하기

매일 과목별 15 분식 방송을 하고, 오전에 한 방송을 오후에 다른 채널에서 재방송한다. 오전과 오후로 나뉘어서 방송 채널이 바뀐다는 것을 아는데 많은 시간이 걸렸다. 아이들 영어 공부하기에는 구성이 재미있고, 지루하지 않아서 좋았다. 어른인 나도 보다 보면 스토리에 빠져든다. 아이들에게 반복해서 보여주면 좋을 것 같아서, 반복해서 보여주기 위해 프로그램을 녹화하기로 마음먹었다. 녹화와 편집을 하기 위해 2대의 비디오 재생기가 필요하다. 적은 돈은 아니지만 나는 남편을 설득해야 했다. 왜 두 대의 기계가 있어야 하는지에 대해서 여러 번 설명하고 또 설명했다. 한번 하려고 마음먹은 것은 꼭해야만 하는 성격을 잘 알고 있는 남편은 결국 비디오 재생기(VCR) 사는 것에 동의했다.

VCR을 산후에 나는 언제 할지 모르는 방송을 녹화하기 위해 교육 방송시간이 되면 매일 TV 앞에 앉았다. 시간에 마쳐 녹화하느라 집안을 뛰어다니며 녹화 버튼을 눌렀다 정지시켰다 반복을 몇 개월에 걸쳐서 하였다. 가끔 나오는 스케줄 표를 적기 위해 무척이나 애를 먹었다. 몇 개월에 길처시 방송 스케줄을 알아내고 방송의 채널을 알게 되었다. 매일 녹화를 뜨고 나서 나는 편집 과정에 들어갔다. 비디오테이프 하나의 시간은 보통 1시간 30분에서 긴 경우에 3시간 정도이다. 매번 비디오 공테이프를 사는 것도 푼돈은 아니었다. 하지만 레슨에 비하면 과잣값에 불과했다.

홍콩 교육 방송과 어린이 방송에서 세서미스트리트, 토마스, 책 읽어주는 프로그램 등을 모두 녹화했다. 녹화한 후에는 두 대의 VCR로 편집을 하였다. 세서미스트리트는 좋은 프로그램이다. 그러나 한국 정서에는 맞지 않는 노래들과 춤의 비중이 크다. 미국적인 문화 또한 아이들에게는 적절하지 않아 1시간 동안 녹화한 방송을 보통 20분 정도로 잘라서 사용했다. 이렇게 만들어진 비디오는 대략 50개 정도가 되었다. 매 프로그램을 녹화하고 다시 아이들에게 유용한 부분만 다시 편집하는 식으로 매일 비디오테이프를 만들었다.

아이들을 위한 방송이라 할지라도 공부와 관련해서는 수다스러운 것도 좋은 것은 아니다. 화면이 너무 화려하고 강렬해도 좋다고 생각하지 않는다. 나름 나만의 잣대로 방송을 편집했다.

나는 이런 방법으로 비싼 사교육을 받지 않고 자연스럽게 아이들이 영어를 공부할 수 있는 환경을 만들어 주었다. 아이들은 내가 만든 비디오를 좋아했다. 작은 아이는 언니가 학교에 있는 동안 집에서 비디오테이프를 보았다. 같이 따라 말을 하기도 하고 노래를 부르기도 한다.

큰 아이가 집에 오면 함께 비디오를 본다. 상황극으로 만들어진 교육 방송은 아이들의 흥미를 끌 만했다.

엄마가 직접 녹화하고 편집해서 만든 교재는 비싼 비용을 들여 산 것보다 더 애착을 둔다. 엄마는 스스로 뿌듯하고 아이들은 엄마의 노력에 감사의 마음을 가진다. 어린 자녀를 둔 젊은 독자들은 현실과 동떨어진 경험담에 웃을지도 모른다. 사회가 발달하면서 사회를 구성하는 모든 구성원이나 요소들도 함께 발전하고 진화한다. 교육의 소스도 마찬가지이다. 어느 시대나 우리 주변에는 활용할 수 있는 좋은 교육 방법들이나 소스들이 존재하고 있다.

이 글을 읽는 독자들은 새로운 기술과 방법으로 자녀 교육에 대해 자신만의 독특한 교재를 만들 수 있다고 생각한다. 쏟아져 나오는 좋은 교육 교재들을 예전보다 쉽게 접할 수 있는 시대이다. 약간의 시간을 내서 자녀와 함께 찾고 만드는 즐거움을 만끽하길 바란다.

EBS 방송을 리서치 한다.

EBS 교육방송에는 어린이와 중고등학생을 위한 유익한 프로그램들이 많다. 특히 외국어 관련 방송은 부모가 쉽게 녹화 편집을 할 수 있다. 돈을 드리지 않고 하는 무료 방송을 적극적으로 활용해라.

각 방송사의 영어 관련 방송을 리서치 한다.

케이블 티브이를 비롯한 많은 방송에서 영어 관련 외국어 방송을 한다. 좋다고 생각되는 프로그램을 녹화한 후 정리해서 자녀들에게 보여주면 시간을 낭비하지 않고 공부에 빠져든다. 공부에 방해되는 설명이나 아나운서의 멘트는 편집할 필요가 있다.

지방 자치단체의 인터넷 교육 방송을 찾아본다.

각 지방 단체마다 지역 주민을 위한 복지 정책을 펼친다. 복지 정책에는 문화와 교육 등에 큰 비용을 지출하고 있다. 굳이 학원에 등록하지 않아도 집에서 무료로 좋은 수업을 받을 수 있다.

지방 자치단체의 홈페이지에 접속한 후 회원 가입을 하고 로그인을 한다.

인터넷 외국어 수업으로 들어가서 자녀에 알맞은 프로그램을 신청하면 수업을 들을 수 있다. 인터넷 방송은 시간과 장소와 관계없이 언제든지 수업할 수 있고 반복할 수 있어 적극적으로 수강을 권한다.

방송을 컴퓨터나 외장 하드에 저장해서 이동에 편리하게 활용한다.
편집이 가능한 것은 편집 후 외장 하드에 저장하고 TV를 통해 시청도 가능하다.
날마다 반복해서 시청하다 보면 생각보다 쉽게 외국어를 정복할 수 있다.

돈을 들이지 않고 공부할 수 있는 방법 중에 몇 가지를 소개했다.
가정마다 적합한 방법을 선택해서 시도하기를 바란다.

1, The Magic School Bus

과학 지식과 영어 학습. 프리즐 선생님과 아이들이 매직 스쿨버스를 타고 어디든지 날아가 궁금한 것을 과학적으로 이해하고 스스로 수업을 이끌어 간다. 과학에 대한 무한한 호기심과 상상력을 심어주는 시리즈. 비디오와 책등 다양한 방법으로 소개된다.

2, Sesame Street (www.sesamestreet.org)

미국의 어린이를 위한 교육 프로그램. 1969년 미국에서 처음 방송된 이래 150개 이상의 국가와 지역에서 사랑받고 있다. 2015년까지는 60분 방송. 알파벳을 시작하는 시기부터 초등학교 저학년에 적합하다. 방송뿐만 아니라 비디오와 컴퓨터 게임 등으로 나와 있다.

3, BBC Learning english

www.bbc.co.uk/learningenglish. 영국 공영방송 BBC 영어 교육 사이트, 동영상 강좌 및 MP3 제공

4, PBS 미국 교육 방송

www.Pbskids.org. 미국 교육 방송, 미국 전 지역에 방송된다. 영어 공부를 위한 최상의 방송이다.

5, 나라마다 무료의 교육 방송을 제공하고 있다. 적합한 방송을 찾아 이용할 수 있다.

02. 교육용 CD와 게임을 찾아라

홍콩은 영국령이었다. 1997년 중국에 반환되기 전까지 생활에서 영어가 우선이었다. 교육도 영어가 많은 부분을 차지했다. 영어 관련 책이나 정보가 한국보다는 풍부하고 다양했다.

쇼핑몰에서 가끔 이벤트로 교육 관련한 교재와 책들을 전시한다. 그럴 때마다 나는 아이들과 부스 여기저기를 기웃거린다. 외국어 공부에 초점을 둔 게임용 시디나 교재들도 많이 전시된다. 교육용 시디는 가격은 좀 비싸지만 다양한 주제로 부모와 아이들을 사로잡는다.

나는 아이들에게 사교육을 시키지 않는 대신에 가능한 교육용 시디와 게임용 시디를 사주었다. 교육용 시디는 무조건 암기하는 것이 아니라 상황에 맞게 단어와 문장을 이해시킨다. 문장은 그림을 통해 자연스럽게 짧은 글을 만들 수 있게 구성되었다. 프로그램을 따라가다 보면 반복하면서 아이의 단어와 문장 실력이 좋아지는 것을 알 수 있다. 게임용 시디는 아이가 흥미로워할 수 있는 영화나, 책, 만화 캐릭터가 나오는 게임을 선택하면 좋다. 게임을 하면서 새로운 단어의 사용과 스토리를 통해 듣기와 말하기의 실력을 높일 수 있다.

교육용 프로그램

부모가 자녀의 컴퓨터 시디나 게임을 사줄 때는 오락을 위한 게임은 피해야 한다. 어린아이들이 오락용 게임에 빠지게 되면 그 유혹에서 벗어나기가 어렵다. 우리 아이가 어렸을 때 엄마들 사이에 오락용 게임을 하면 아이들 두뇌에 자극을 주어 머리가 좋아진다는 이야기가 돌았다. 몇몇 엄마들은 일부러 게임기를 사주고 매일 게임 하는 것을 허락했다. 오락용 게임을 한 아이들은 교육용 프로그램이나 교육용 게임에 흥미를 느끼지 못한다. 컴퓨터 게임에 나오는 빠르고 폭력적인 장면과 신나는 음악 화려한 배경은 아이가 게임에 빠지게 만든다. 게임에 빠진 아이는 스스로 게임에서 벗어나지 못하고 중독 수준으로 치닫게 된다. 교육적인 면뿐만 아니라 정서적인 면에서도 어린 나이에는 폭력적이거나 자극적인 프로그램은 절대로 허락하지 말 것을 당부한다.

나는 젊은 엄마들에게 자극적인 게임에 빠지는 것은 만화에 빠진 아이들이 독서가 어렵게 느껴지는 것과 유사하다고 설명한다. 만화를 통해서도 요즘은 다양한 지식과 정보를 얻을 수 있다. 크게 나쁘다고는 생각하지 않는다. 다만 독서를 하므로 얻을 수 있는 것들을 놓치는 결과가 될까 봐 조심스럽다. 책 읽는 것이 즐거운 습관이 되기 전에 만화에 흥미를 느낀다면 책 읽는 것을 소홀히 할 경향이 커진다.

교육용 시디를 사기 위해 나는 한 달에 1~2번 컴퓨터 전문 상가에 간다. 새로 나온 시디가 있는지도 확인하고 좋은 프로그램이 있으면 가능한 구매를 한다. 교육용 시디는 영어뿐만 아니라 역사 과학 등 다양한 분야에 걸쳐 개발되었다. 새 시디를 사 오면 두 아이는 너무 좋아한다. 해리포터나 디즈니 영화 등 관련된 게임은 오락을 하면서 영어를 익힐 수 있도록 구성되어 있다. 영어로 되어 있어 듣기와 독해에도 많은 도움이 된다.

부모는 아이들이 받아들이는 능력에 따라 학습의 시기와 기간을 정하면 된다. 아이와 함께 컴퓨터 전문 상가에 방문해서 교육 관련 시디를 함께 보고 고를 수 있다. 공부하고 싶은 열정을 키울 수 있다. 사 온 시디는 반드시 일정한 시간을 두고 하나씩 사용하기를 권한다. 하나를 끝내고 싫증 날 때쯤 새로운 것을 사용한다면 몇 배의 효과를 건진다.

교육용 시디는 아이가 흥미를 느낄 수 있는 다양한 주제를 보여준다. 게임을 하기 위해 영어로 말하는 것을 주의 깊게 듣게 된다. 반복해서 듣다 보면 아이들도 모르는 사이 영어의 소리에 익숙하게 된다. 예전보다 교육 시장에는 부모가 활용할 수 있는 좋은 교재들이 많다. 비싼 돈을 들여 사는 것이 아니라 부모가 직접 만들어 준다면 최고의 교재가 될 수 있다.

컴퓨터는 오락을 위한 비싼 장난감

작은아이가 초등학교 6학년 때(한국 초등학교 5학년) 학생들 각자가 좋아하는 인물에 대한 프로젝트를 숙제로 받았다. 작은아이는 링컨을 선택했다. 링컨에 관련된 많은 책을 도서관에서 빌려와서 읽었다. 서점에 가서 링컨 전기도 한 권 샀다. 나름 링컨에 대해서 책을 읽고 공부를 하였다. 인터넷을 통해 리서치도 충분하게 하였다. 이 모든 준비가 끝나고 링컨에 대한 프로젝트를 얇은 한 권의 책으로 만들었다.

한국에서 초등학교 5학년에 해당하는 나이에 작은아이가 컴퓨터를 사용해서 만든 프로젝트에 나는 감탄했다. 그 당시 나는 컴퓨터를 가지고 신문을 읽고 인터넷 검색을 하는 수준이었다. 프로그램을 직접 사용하여 과제물을 준비하는 것을 보고 신기한 마음이 들었다. 한국의 교육은 이론과 실기가 적용되지 못하는 경우가 허다하다. 우리 아이들은 컴퓨터 학원에 다닌 적이 없다. 학교 공부만으로 웬만한 것은 컴퓨터에서 프로그램을 사용하여 완성한다. 학교에서는 초등학교에서부터 실기 위주의 수업을 진행한다. 간단한 소책자나 안내장 등은 쉽게 만들 수 있다. 한국의 아이들이 학원에 다니면서 컴퓨터 자격증을 따는 것과는 거리가 멀다. 자격증 없이도 컴퓨터를 가지고 본인이 원하는 것들을 손쉽게 만들 수 있는 교육이 학교에서 이루어지고 있다.

한국의 많은 아이가 컴퓨터 오락에 중독이 되었다는 기사를 접한다. 공부하기 위한 최고의 장비가 오락하는 장난감으로 전락한다는 사실이 슬프다. 아무리 좋은 장비도 제대로 교육되지 못하고 사용할 수 없다면 비용과 시간을 낭비하는 꼴이 된다.

나라의 미래를 짊어질 어린아이들과 청소년들이 살아 있는 교육을 받을 수 있는 교육 현장이 마련되기를 간절히 바란다. 사교육이 아닌 학교안에서의 교육만으로도 재능을 발전하는 질 높은 교육이 될 수 있도록 정부가 앞장서기를 기대한다.

03. 영화의 대사를 외워라

"Mufasa(첫째): Look, Simba. Everything the light touches is our kingdom."

"Simba(둘째): Whoa..."

"Mufasa(첫째): A king's time as ruler rises and falls like the sun. One day Simba, the sun will set on my time here, and will rise with you as the new king."

"Simba(둘째): And this'll all be mine? "

"Mufasa(첫째): Everything."

"Simba(둘째): Everything the light touches..."

길을 가면서 두 아이는 "어흥" 하면서 대사를 주고받는다. 둘이서 말을 할 때는 디즈니 영화 "라이온 킹"의 무파사와 심바였다. 오늘은 심바였다. 다음날은 러시아 짜르의 성에서 행복한 생활을 하던 8세의 아나스타샤(러시아 공주)가 된다. 마술사 라스푸틴의 저주로 비극의 주인공이 되는 영화 속의 아나스타샤는 언니가 되고, 동생은 디미트리가 되어 노래를 부르고 대화를 하면서 영화 속으로 빠져들어 간다.

우리 아이들이 어렸을 때는 비디오테이프가 한창 유행했고 DVD가 나오기 시작한 때였다. 나는 지금도 디즈니 영화는 꼭 챙겨 본다. 디즈니 영화는 영어 공부를 하기에 아주 좋은 자료이다. 영화가 나올 때마다 나는 DVD나 CD를 샀다. 이미 나와 있는 것들도 가능하면 다 사려고 노력했다. 온 가족이 함께 영화를 보고 때로는 영화 캐릭터가 새겨진 티셔츠도 구매하고 필기도구도 사곤 했다.

영화를 본 후에는 영화에 나온 노래를 함께 따라 부르고 또다시 영화를 보면서 영화 속의 주인공이 된다. 일단 아이들이 영화에 빠지면 본 것을 계속 반복해서 보기를 원한다. 아니면 가끔 식 슬쩍 틀어 놓으면, 다른 놀이를 하면서 들리는 소리에 흥얼거리기도 하고 잠시 화면에 빠지기도 한다. 한 영화가 싫증이 날 때쯤에 또 다른 영화를 선물한다. 항상 새로운 영화가 나오면 나는 분위기를 띄운다.

"새로 나온 영화가 재미있을 것 같은데"

"영화를 보러 갈까, 아니면 시디를 살까?"

"시디를 사요, 여러 번 볼 수가 있잖아요."

"그래, 그럼 함께 가서 사자."

처음 영어를 배우는 자녀들이 공부하는 것에 비교해 말이 잘 안 되면 이 방법을 추천한다. 일단 큰 소리로 말을 밖으로 뱉어야 한다. 이것을 반복하다 보면 자신도 모르는 사이 비슷한 환경에서는 말이 튀어나온다. 자연스럽게 말이 나올 때까지 부모는 바라만 보면 되는 것이다. 새로운 영화를 보여주면서 2~3개월에 한 번씩 예전의 영화를 보여준다.

다시 보는 영화는 이해가 더 잘되기 때문에 더욱 새롭게 느껴진다.

어른이 외국어를 배울 때 힘이 드는 것은 과거에 영어를 공부할 때처럼 눈으로 보고 외우기 때문이다. 소리를 내서 읽고 연습하는 것이 익숙하지 않다. 나도 여러 해 언어를 공부했지만, 제자리걸음인 것은 소리 내어 말하는 연습이 부족하기 때문이다. 많은 시간을 눈으로 읽고 암기하는 것이 편하기 때문이다. 외국어를 공부할 때는 입 밖으로 소리 내어 읽고 말하는 연습이 중요하다. 자녀가 공부에 관심을 가지면 글을 쓰기 전에 말을 먼저 하도록 이끌어야 한다. 영화의 대사를 따라 말하고 듣는 것은 회화 공부를 하는 최고의 방법이다. 부모의 지시나 말을 듣고 하는 것이 아니라 스스로 할 수 있도록 도움을 주어야 한다.

04. 싫증나지 않게 교재를 돌려라

아이들은 일정한 기간이 지나면 쉽게 흥미를 잃어버린다. 아무리 비싼 장난감이라 할지라도 쉽게 싫증을 낸다. 하물며 공부와 관련된 것들은 정도가 더 심하리라 생각한다.

나는 교육 관련 CD나 교육 관련 오락 심지어는 공부를 위해 샀던 책도 보통 2주에서 한 달 단위로 아이들 눈에 보이지 않는 곳에 감춘다. 물론 아이들은 내가 감춘 것들에 대해 별 관심이 없다. 지난번 감추었던 것들을 꺼내 놓으면 마치 새로운 것을 보는 것처럼 좋아한다. 책을 또 읽고 비디오를 다시 보고 게임을 하느라 정신이 없다.

나는 이런 식으로 아이들에게 반복 학습을 한다. 만약 내가 비디오를 다시 보라고 말하거나 무조건 책을 다시 읽으라고 한다면 아이들 반응이 어떨까? 지혜로운 엄마가 되는 길은 어렵지도 오랜 시간이 필요하지도 않다.

좋은 영화나 비디오 교재를 2주에서 한 달, 한 달에서 두 달 정도 눈에 띄지 않게 한다. 어떤 날 선물처럼 아이들에게 준다면 아마도 옛 친구를 만난 것처럼 좋아 할 것이다. 아이들 영어 공부를 할 때 가장 많이 사용한 방법이다. 여기서 영어 공부란 일상적인 회화를 말한다. 즉 듣고, 말하기, 나아가 쓰기까지 반복의 연속을 통해서 좋은 결과를 얻었다.

심리학자 에빙하우스(H.Ebbinghaus)는 나의 공부법을 증명하는 망각의 곡선 이론을 주장했다. 망각의 곡선은 학습을 시작한 후 10분이 지나면 망각이 시작되고 1시간이 지나면 50%, 하루가 지나면 70%, 한 달 뒤에는 80%를 망각하게 된다는 이론이다.

이 이론을 바탕으로 학습을 장기기억으로 저장하기 위해서는 10분 후 복습, 1일 후 복습, 1주일 후 복습, 한 달 후 복습이 필요함을 알 수 있다. 반복 학습의 중요성을 강조하는 과학적인 뇌 실험 결과를 바탕으로 하고 있다.

필자는 부모님들이 에빙하우스의 망각곡선을 자녀 공부에 적용한다면 좀 더 쉽게 자녀 교육에 접근할 수 있다고 생각한다. 영어 레슨 없이 우리 아이들이 실천한 방법은 저비용으로 가정에서 반복을 통한 학습이다. 공부에 싫증을 내지 않고 자녀가 자연스럽게 복습을 할 수 있도록 환경을 제공한다. 필자의 노하우가 자녀 공부에 도움이 된다면 정말 기쁠 것이다.

1, 부모가 가능한 한 함께 한다.

2, 계획표는 꼭 지켜야 하는 것은 아니다.

3, 자녀가 흥미를 보이는 것은 시간이나 반복을 연장할 수 있다.

05. 외국어의 레벨을 없애라

　신생아는 생후 3개월을 전후로 하여 옹알이를 한다. 옹알이 시기를 거쳐 6개월 정도가 되면 언어 모방을 하는 시기가 시작되고 1년이 되면 빠른 경우 문장을 만들기도 한다. 신생아가 모국어에 노출이 된 후에 어떤 환경에 놓여있나, 한 번 생각해 보자. 주위의 모든 소리는 신생아나 유아들에게 적합한 소리만 있는 것이 아니다. 무작위의 소리 안에서 아이들은 소리에 대해 반응하고 복습하면서 모국어를 배우게 된다. 아기를 부르는 엄마의 다정한 목소리가 주의를 떠나지 않는다. 아기는 엄마가 친구들과 수다 떠는 정신없는 소리부터 아빠와 말다툼하는 소리까지 우리가 생각하지 못한 수많은 소리 들을 듣는다. 어른이 알지 못하는 사이 아이들은 많은 소리 정보를 습득하고 모방한다. 모국어는 이런 정보들로부터 언어 발달의 단계를 거치면서 발달한다.

아이의 수준을 무시해라

　외국어를 공부하는 것도 옹알이와 모방의 시간이 필요하다. 유아가 모국어를 습득하는 방법처럼, 영어 공부를 위한 교재나 재료에 레벨을 없앴다. 비디오테이프를 편집할 때 무작위로 편집을 했다. 유치원 영상 후에 중학교 영상이 나오고 다음은 초등학교 영상이 나오도록 했다. 유치원인 둘째와 초등학생인 큰애에게는 중학교나 고등학교의 영상은 어렵다는 것을 알고 있다. 나는 유치원부터 초등학교 중학교 고등학교의 내용을 순서가 아닌 무작위로 녹화하고 편집한 것을 매일 보게 했다.

영어를 처음 시작할 때 학원이나 학교 모든 매체는 아이들 수준에 맞추어서 수업이 진행된다. 물론 단어나 교재도 기초 범위를 벗어나지는 않는다. 진도에 맞추어 반복하는 학습은 강제적으로 암기를 해야 하고, 무조건 암기하는 방법은 단기적으로 좋은 성적을 받게 된다. 대다수 아이는 암기 위주의 공부 방법에 쉽게 한계를 느낀다. 소수의 아이만 암기 위주의 공부 방법에 적응하고, 소위 공부 잘하는 학생으로 인정받는다.

학원에서 공부한 아이들이 쉽게 말을 하지 못하는 이유는 다음과 같다. 말을 하기 전에 충분한 옹알이 시기와 모방의 시기를 거치지 않고 암기 위주의 공부가 시작되었기 때문이다. 모방할 때는 가능한 많은 소리에 노출되어야 한다. 할머니의 소리, 할아버지의 소리, 아주머니, 목소리가 굵은 사람, 가는 사람 등 풍부한 소리를 듣게 하고 모방할 수 있는 시간이 주어져야 한다.

충분한 옹알이와 모방의 단계를 거치는 것은 비행기가 이륙하기 위해 전속력으로 에너지를 연소시키는 것과 같다. 일단 비행기가 이륙하면 높은 하늘로 올라갈 수 있는 원리이다. 낱말을 말하고 문장을 만들 수 있을 때까지 보이지 않는 많은 정보를 수집하고 있다. 아이들이 말을 트기 시작하면, 약간의 개인차가 있지만 대부분 놀라운 속도로 말을 하기 시작한다.

나는 누구나가 간단하게 시작하고 따라 할 수 있는 공부 방법을 소개하고 있다. 무조건 암기라는 공부 방법에서 벗어나 즐겁게 부담을 갖지 않고 실력을 쌓을 방법들을 소개한다.

언어의 바다에 빠뜨려라

어른들의 영어 공부는 암기로부터 시작한다. 가능한 많은 단어와 문장을 외운다. 어떤 상황에서 내가 꼭 하고 싶은 말이 아닌 내가 외운 문장을 사용해야 한다. 어른들의 공부가 어려운 이유는 여기에 있다. 유치원이나 초등학교 저학년의 경우 쉽게 언어를 배울 수 있는 것은 많은 소리에 익숙할 수 있게 하는 것이 우선되어서다. 많은 언어의 소리에 익숙하게 되면 자연스럽게 말을 만들 수 있는 능력이 생긴다. 문법을 배우고 문법에 맞게 문장을 만들다 보면 언어의 한계에 도달하게 된다. 내가 문장을 만들었을 때는 대화의 내용은 이미 지나간 상태가 되는 것이다. 이런 일이 반복되다 보면 우리는 자연스럽게 언어의 어려움에 기가 죽게 된다.

자녀들에게 가능한 많은 시간 언어의 소리에 익숙할 수 있는 환경을 만들어 주어야 한다. 외국어를 공부할 때 레벨은 크게 문제가 되는 것이 아니다. 말을 자연스럽게 할 때까지 말문을 트기 위한 기초라고 생각한다면 좋을 것 같다. 아이들이 단어 몇 개를 더 안다고 영어 실력이 좋은 것이 아니라는 말이다. 학부모는 자녀의 영어 학원 레벨에 큰 관심을 가진다. 관심을 뛰어넘어 레벨의 중요성을 강조한다. 아이들 영어 레벨은 학원에 다니는 동안 아이들의 성적표가 된다. 단어 시험이나 외국어 쪽지 시험 결과에 민감한 반응을 보인다. 매번 시험 결과에 신경을 쓰면서 공부를 하다 보면 초등학교까지는 공부를 잘하는 아이가 학년이 올라가면서 공부에 어려움을 겪는 일이 많아진다.

옹알이와 모방의 단계가 지나면, 단어를 연결해서 짧은 문장을 만들고 어휘력이 풍부해진다. 이때부터는 좀 더 많은 책을 읽을 수 있도록 도와주면 큰 효과가 있다. 비디오 교재나 부모님이 선택한 TV 시청, 컴퓨터를 이용한 교육용 시디, 게임 등 다양한 교재를 통해 학습을 시킨다. 물론 나이에 맞는 교재를 고집할 필요는 전혀 없다. 아이가 흥미를 느끼고 있는 분야가 있다면, 호기심을 자극할 수 있도록 넓은 지식을 열어 준다면 어떨까 하고 제안한다.

프랑스어 어른 반에 들어가다

" 엄마, 교실에는 다 어른들이에요. "

" 너무 재미가 없어요. "

" 선생님 말씀만 잘 들어. "

"선생님이 잘 가르쳐 주지도 않아요. "

"선생님이 왜 이반에 들어 왔냐고 물어 봤어요.   "

"정말 수업에 가기 싫어요.   "

(매번 나는 둘째를 교실로 밀어 넣고, 교실 밖 좁은 복도에서 수업이 끝날 때까지 기다렸다.)

중학교 1학년 한국으로는 초등학교 6학년이다. 둘째가 언어에 재능이 있다는 것을 알고 있다. 아니 어려서부터 언어에 대해 두려움이 없어 보였다. 이것이 나를 거만하게 만들었던 것 같다. 나는 둘째를 데리고 프랑스 문화원에 갔다. 중학교부터는 학교에서 불어를 공부한다. 어린이반에서는 진도가 너무 느려 시간 낭비가 될 것 같았다. 매번 같은 것을 반복하고 놀이로 언어를 배우기 때문이다. 둘째는 불어도 무난하게 공부를 잘할 것이라 기대했다. 그래서 나는 둘째를 어른 반에 넣었다. 매주 한 번 있는 수업이라 진도를 빨리 빼고 싶었기 때문이다. 불어도 다른 언어와 마찬가지로 몇 개월 후면 조금은 말을 할 것이라 기대했다.

내 생각과는 다르게 둘째는 너무 힘들어했다. 수업을 갈 때마다 짜증을 내곤 했다. 쉬는 시간에 복도에 나와서 나에게 왜 어른 반에서 공부해야 하는지를 묻고 또 물었다. 이렇게 시작한 불어 수업은 오래가지 못했다. 아마도 3개월을 다 채우지 못했던 것 같다. 자기의 의사를 분명하게 밝히는 둘째는 학원에 다니지 않겠다고 했다. 다시는 불어 학원에 보내지 말라고 나에게 협박에 가까운 부탁을 했다. 그 이후로 불어는 학교 수업만을 하였다.

" 엄마 나는 불어 배우는 것을 좋아했어요. "

" 처음 불어를 배울 때 엄마가 어른 반에 넣어서… "

" 불어 공부가 힘들었어요. "

" 불어가 싫어졌어요. "

" 강제로 학원에 보내지 않았으면 불어를 계속했을 거예요. "

가끔 둘째는 나에게 말했다. 그때 좀 열심히 불어를 공부하지 않은 것을 후회한다고 했다. 불어 공부를 하고 싶었으나 어른들 사이에서 공부하는 것은 너무 싫었다고 했다. 짧은 시간 안에 불어를 잘하기를 바랐던 내가 너무 한심했다. 언어를 배우기 위해서는 시간이 필요하다. 내가 아무리 노력한다 해도 단기간에 끝낼 수 없다. 반드시 일정한 시간과 노력, 바람직한 수단과 방법이 어우러져야 한다. 언어 공부에 대한 원리와 경험을 갖고서도 나는 엄마로서 욕심을 부렸다. 더 잘할 수 있다는 생각이 나를 조급하게 만들었다.

부모들이 조급해하는 것도 나와 같은 이유라고 생각한다. 장기적인 계획을 세울 수 없다는 현실이 시기적으로 늦었다는 것에 집착을 버리지 못하기 때문이다.

만약 둘째를 어린이반에 넣었다면 재미있게 불어를 공부했을 것이다. 배우는 속도는 느리지만, 스트레스 없이 즐거운 마음으로 계속 불어를 공부했을 것이다. 나의 조급함이 아이의 열정을 무너뜨렸다. 직접 그 상황에 맞닥치기 전에는 누구나 말할 수 있다. 시간을 가지고 기다리라고 맞는 말이지만 실천하기가 쉽지 않은 말이다. 자녀의 능력이나 열성보다는 어른의 욕심과 조급함이 자녀를 망치는 근본적인 이유가 여기에 있다.

반드시 지켜야 할 사항들

1. 외국어 공부를 시작할 때 단계를 무시하고 듣기 시작해라. 가능한 많은 시간 영어에 노출 시켜라.
2. 많은 소리를 들을 수 있게 주위 환경을 만들어라. 부모가 드라마나 오락프로를 보면서 아이가 공부에 열중하기를 바랄 수는 없다.
3. 장기 계획을 세우고 천천히 나아가라. 최소한 2년 동안은 공부에 대한 성과를 기대하지 말아라.
4. 잘 진행되고 있는지 확인이 필요하다. 자연스러운 피드백을 하고 보상을 해라.

06. 서점과 도서관을 서재로 만들어라.

"엄마는 아래층 슈퍼에서 물건 좀 사고 올게"

"그동안 너희들은 여기서 책을 읽고 있어"

"만약 꼭 사고 싶은 책이 있으면 골라 두고"

동네 쇼핑몰에 있는 슈퍼에 가면서 두 아이에게 하는 말이다. 두 아이는 위층에 있는 서점에서 책을 읽으면서 나를 기다린다. 우리 식구는 약속 장소를 언제나 서점으로 한다. 누구든 늦게 와도 전혀 문제가 되지 않기 때문이다. 서점에서 책을 읽고 꼭 사고 싶은 책이 있으면 골라 두었다가 나에게 가져온다. 나는 매번 책을 사줄 수는 없지만, 가능한 한 사주려고 노력한다. 학교 주요 과목인 영어, 수학, 등등의 사교육을 하지 않기 때문에 나는 일정한 금액을 책을 사는 비용으로 사용했다.

책을 사라

두 아이가 골라놓은 책을 가져오면 그중에서 가장 원하는 책 한 권을 선택하라고 한다. 나도 아이들이 읽었으면 하는 책을 한 권 고른다. 아이들이 고른 책과 내가 고른 책 이렇게 두 권을 사고 나온다. 만약 두 권을 고르면 나도 두 권을 고른다. 이렇게 아이들 각자에게 책을 선물하는 것이다. 엄마가 읽었으면 하는 책과 아이들이 좋아하는 책은 다르다. 무조건 부모가 원하는 것을 읽으라고 하기보다는 아이들과 상의 하면서 책을 사는 것도 아이들에게 책임과 권리를 동시에 주는 방법이다.

서점에서 시간을 보내면서 읽을 수 있는 책들은 가능한 서점에서 읽게 한다. 그래서 우리 집에는 전집이 거의 없다. 전집으로 나온 책들도 모두 낱권으로 구매를 한다. 아이들에게 서점에 가서 책을 사는 즐거움을 알게 하는 것도 중요한 공부라고 생각한다. 어렸을 때부터 서점에 가는 습관은 집에서 자연스럽게 책을 읽게 만든다. 아이들 초등학교 때에 가장 많이 갔던 곳이 서점이었다.

홍콩에 와서도 제일 먼저 아이들과 서점을 찾아다녔다. 몇 군데 서점을 가보았지만 내가 생각하는 규모와는 거리가 멀었다. 나는 한국의 교보문고를 생각하면서 큰 서점을 찾았기 때문이다. 서점을 찾아가서 서점 직원에게 큰 서점의 위치를 물어보고, 찾아가고 또 물어보고 이렇게 몇 번을 반복하고 나는 알았다. 홍콩이 도시라는 사실이다. 이곳에서는 모든 것의 규모가 그리 크지 않았다. 시장, 백화점, 서점 등 대부분 규모가 작았다.

도서관에서 돈 벌기

도서관도 아이들과 많이 찾던 곳이다. 내가 아이들에게 사주고 싶은 책들도 많이 있었다. 한국에서는 어느 곳에도 이렇게 많은 영어책을 볼 수 있는 곳이 없었다. 수입되는 책들을 마음껏 아이들과 볼 수 있으니 내가 돈을 버는 느낌이었다. 그 당시는 지금처럼 웅장한 중앙 도서관이 없었다. 나는 여러 지역에 있는 도서관에 아이들을 열심히 데리고 갔다. 편안한 자세로 책을 읽고, 도서관에 방금 비치된 아무도 읽지 않은 새 책들을 모두 빌려왔다. 새 책을 빌리는 그 재미는 정말 공짜로 책을 사는 느낌이었다. 아이들과 나는 새 책을 찾기 위해 때로는 다른 지역의 도서관도 종종 갔다.

큰 아이가 중학교 2학년이 될 때까지 아이들과 방과 후에 도서관에서 자주 만났다. 큰애가 중학교일 때 작은 아이는 초등학생이었다. 작은 아이 눈높이에 맞춰야 할 때는 항상 도서관으로 갔다. 함께 도서관에서 책을 읽고 한 아름 책을 빌려 집으로 올 때면 모두가 얼굴에 미소가 돌았다.

그냥 책 읽기

큰 아이와 둘째는 아이들 사이에 인기 있는 작가들의 책을 주로 읽는다. 가끔 고전을 읽으라고 말은 하지만 아이들은 별 관심이 없는 듯하다.

내가 중학교에 들어갔을 때 독서는 고전에 집중되었다. 현대 작가의 책들은 공부에도 별 도움이 되지 않았다. 그래서 독서도 공부라는 사고에 젖어있던 나는 아이들 책 읽는 것이 못마땅했었다. 한국 아이들 독서 목록을 볼 때면 왠지 불안하고 우리 아이들이 뒤처지는 느낌을 받곤 했다.

"우리 애가 고전을 읽었으면 해요"

"책은 많이 읽는데 대부분 아이 사이에 인기 있는 책들을 주로 읽고 있어요."

"한국에서는 추천 도서 목록에 있는 책들 주로 읽는데, 걱정이에요."

"고전을 읽었으면 하는데….”

"그냥 놔두세요."

"자기가 읽고 싶은 책을 읽게 하세요."

"아무런 문제가 없습니다."

정기적으로 있는 학교 면담에 영어 선생님 면담을 신청했다. 선생님의 힘을 빌려 아이에게 고전을 읽어야 한다는 필요성을 알려 주려고 했다. 영어 선생님은 아이가 좋아하는 책을 읽으면 된다고 하신다. 꼭 고전을 읽을 필요가 없다고 했다. 내가 생각한 것과는 정반대의 얘기를 하셨다. 면담이 끝나고 약간의 혼란스러움이 있었지만, 선생님의 조언을 따르기로 마음먹었다. 다시는 아이들에게 고전 읽기를 강요하지 않기로 했다. 내 마음의 욕심을 버리기로 했다. 그냥 책을 즐겨 읽으면 되는 것을 굳이 고전을 고집할 필요는 없는 것이다. 아이들이 읽는 책들이 나중에 고전이 될 수도 있는 것 아니겠는가. 온 국민이 다 고전을 읽을 필요는 없다. 책도 기호 식품처럼 자기가 좋아하는 것을 선택할 수 있다.

자녀를 양육한다는 것은 내 안에 있는 나의 생각이나 고집을 버리는 것이다. 내 안의 것을 버리지 못한다면 자녀와의 갈등이 커질 수 있다는 생각이 머리를 스쳤다. 그 이후로 나는 어떤 책이든 아이들이 좋아하는 책으로 결정하게 허락했다. 언젠가 본인들이 읽고 싶을 때가 오면 그때 읽어도 되지 않을까. 나에게 좋은 것을 무조건 아이들에게도 좋을 것이라고 강요하지 않기로 했다.

도서관 카드 만들기

홍콩은 작은 마을 단위로 문화 센터가 있다. 문화 센터는 대부분 도서관과 운동 시설이 갖추어져 있어 주민과 아이들의 휴식 공간이 된다. 실내 수영장, 배드민턴, 헬스장, 탁구 등 규모에 따라 거의 모든 운동 시설이 마련되어 있다. 주민들이 참여할 수 있는 교육 시설들도 싼 가격에 제공된다. 특히 유치원이나 초등학교 학생들을 위한 좋은 프로그램들이 많이 있다.

둘째는 광동어를 할 수 있어 유치원 때는 가끔 문화센터의 프로그램을 이용했다. 아이들과 나는 문화센터의 도서관을 이용하기 위해 가족 모두 도서관 카드를 만들었다. 도서관 카드는 홍콩의 모든 지역에서 사용할 수가 있었다. 집 근처 도서관에서 책을 빌린 후에 어디든 내가 편한 곳의 도서관에 책을 반납하면 된다. 나는 도서관에서 가능한 많은 책을 빌리기 위해 우리 가족 4개의 카드를 모두 사용한다. 책을 빌린 후에는 항상 바퀴가 달린 장바구니에 책을 담아 온다. 그때만큼은 누구도 부럽지 않은 부자가 된 기분이다.

방금 도서관에 도착한 새 책들을 집에서 아이들과 함께 읽는다. 빌린 책은 2주 안에 돌려주면 된다. 아이들이 책을 다 못 읽거나 바쁠 때는 인터넷으로 연장을 신청할 수 있다. 가끔 벌금을 물기도 한다. 홍콩의 유명한 명소가 된 중앙 도서관은 갈 때마다 감탄이 나오는 곳이다. 중앙 도서관이 세워지기 전까지는 아이들과 시티홀에 있는 도서관에 많이 다녔다. 영국의 영향을 많이 받은 것을 곳곳에서 느낄 수 있는 도시이다. 도서관의 시스템을 보면서 합리적인 영국의 문화를 알게 된다. 오랜 시간에 걸쳐 만들어진 것들을 단시간에 장점만을 받아들인 홍콩 사람들이 부러워진다.

서점과 도서관

동네 서점과 도서관을 자녀와 자주 방문하길 바란다. 처음에는 둘러보기에서 시작하면 된다. 여러 번 방문 하면서 장소에 대한 낯 설움을 줄일 수 있다. 도서관에 간다고 꼭 책을 빌리고 읽을 필요는 없다. 자녀가 관심을 가질 때 시작해도 늦지는 않다. 도서관에서 시간을 보내는 것이 집에서 드라마를 보는 것보다 더 좋다는 것을 느낄 수 있을 것이다. 동네 서점에도 자주 가자. 맛있는 아이스크림을 사는 것보다 책 한 권을 사는 것이 더 값지다는 것을 알려주는 계기가 된다. 자주 가다 보면 부모의 의지와 가까이 있는 자녀를 발견할 수 있다.

책 사는 즐거움

1, 용돈을 모아 책 사는 즐거움을 주어라.
2, 외출할 때는 언제나 가벼운 책을 챙기자.
3, 자녀가 관심을 가지는 분야의 책을 선물하자.
4, 가족의 약속 장소를 서점이나 도서관으로 정한다.
5, 책 관련 영화나 게임을 선물한다.
6, 1~2개의 책이나 잡지를 정기 구독한다.
7, 자녀와 책에 대해 대화를 나눈다.

07. 현지로 자주가라

"다들 흩어지지 말고 함께 다녀요"

"가방은 앞으로 하고 두 손으로 잘 잡아요."

"중국에서 공중 화장실에 간 여자의 장기를 빼갔다고 들었어요."

"화장실도 함께 가야 해요."

다섯 명의 아줌마들이 중국 로후(홍콩과 중국 국경에 있는 역으로 큰 쇼핑몰이 있다.)로 쇼핑을 가기로 하고 조심해야 할 것에 관해서 이야기했다. 물건값도 홍콩에 비교하면 싸고 다양한 물건들이 많이 있어 우리는 가끔 쇼핑하러 중국으로 갔다. 홍콩이 중국에 이양되고 중국에 가는 것이 수월해졌지만 끔찍한 소문들이 무성할 때였다. 어수선한 분위기와 소문 때문에 많은 사람이 중국에 가는 것을 두려워하던 때이다.

중국 입국심사장에서 일행 중 한 엄마가 얼굴이 창백해지면서 호흡곤란이 왔다. 바늘을 찾고 손가락을 따 피를 뽑았다. 그 엄마는 중국으로 들어가는 것이 겁이 나 있었는데, 공안을 보는 순간 너무 무서웠다고 했다. 그 당시 중국에 들어가는 것이 얼마나 위험한지를 보여준 일이다.

중국으로 가는 길

2000년 매주 토요일 우리 가족은 경기에 나가는 선수처럼 비장한 각

오를 한 얼굴을 한다. 중국으로 떠날 모든 준비를 마치고 남편이 회사에서 돌아오기를 기다린다. 남편이 집에 도착하자마자 바로 택시 정류장으로 달려간다. 중국 국경으로 가는 기차를 타기 위해 택시를 타고 홍함역으로 간다.

매주 토요일이면 남편은 좋아하는 골프를 포기하고 가족과 함께 중국으로 갔다. 시간을 절약하기 위해 입국심사장에 도착할 때쯤에는 전철 문 앞에 대기하고 있다가, 전철 문이 열리면 우리 가족은 빠른 걸음으로 입국심사장으로 간다. 입국심사장에서 앞줄에 서면 보통 30분 정도의 시간을 절약할 수 있다. 지금도 나는 이때 몸에 밴 습관으로 여행할 때마다 입국심사장만 나오면 걸음이 빨라진다.

호텔에서 레슨하기

늦은 점심때쯤 호텔에 도착해서 체크인하고 짐을 풀면 레슨 선생님이 오신다. 큰 아이가 먼저 레슨을 시작하고 남편과 나 그리고 둘째는 옆에서 카드놀이를 한다. 큰아이 레슨이 끝나면 둘째가 레슨을 시작하고 둘째 대신 첫째가 카드놀이를 즐긴다. 아이들 공부하는 데 시간을 보내는 것은 쉬운 일이 아니다. 한 시간 간격으로 첫째와 둘째는 수업을 번갈아서 한다.

저녁이 되면 우리 가족은 선생님과 함께 식사하러 나간다. 식당에서도 아이들이 보통화로 주문하고 모르는 단어나 잘못된 말은 선생님이

고쳐주신다. 식사하는 동안 선생님과 중국어로 이야기를 많이 하는 아이에게 용돈으로 보상한다. 용돈은 쇼핑할 때 원하는 것을 살 기회를 주는 것이다. 중국에서 쇼핑할 때 흥정은 필수이다. 아이들은 직접 중국인들을 상대로 흥정을 해서 물건을 산다. 이때의 경험을 살려 둘째는 학교에서 현장 학습을 가거나 여행을 할 때면 언제나 상인들과 흥정을 해서 친구들과 선생님들이 모두 놀랐다고 했다.

저녁 식사 후 호텔 방으로 돌아와서 9시경까지 번갈아 중국어 레슨을 한다. 큰아이 레슨 중에는 작은 아이는 숙제를 하고 작은아이가 할 때는 큰아이가 숙제하도록 선생님은 과제를 내준다. 이렇게 하루가 끝난다. 다음 날 아침부터 2시까지 또 레슨이 있다. 우리 가족은 2년 동안 대부분의 주말을 중국에서 지냈다. 큰아이는 일요일 오후 집에 돌아온 후에야 학교 관련 숙제를 하였다.

중국어 선생님과의 레슨은 격식이 없다. 책방을 가기도 하고, 시장에 가서 옷을 사기도 한다. 때론 공원에도 가고 백화점에도 함께 간다. 밥을 먹고 하는 일상생활 전체가 레슨이다. 학교 보통화 진도와는 관계없이 레슨을 한다. 학교에서 보통화 시험이 있어도 학교 책을 복습하거나 예습을 하지 않았다.

나는 왜 중국으로 가야 했나

홍콩 사람들도 중국에 가는 것을 두려워하던 시기였다. 개방의 물결이 중국을 변화시켰지만 많은 사건 사고가 끊이지 않던 시기였다. 주위의 엄마들이 나의 이야기를 들으면 다들 놀라워한다.

내가 중국으로 간 가장 큰 이유는 홍콩의 레슨비가 너무 비싸서 감당할 수가 없었기 때문이다. 홍콩에서 1시간 하는 레슨비로 중국에서는 여섯 번 정도 할 수가 있었다. 중국어를 배우기 위한 교재도 많지 않았고 방송도 별로 없었다. 일주일에 한 번 하는 레슨으로 외국어를 하는 것은 어렵다는 것을 알기 때문에 온갖 위험에도 불구하고 나는 아이들을 데리고 중국으로 갔다.

회사 일로 바쁜 남편이 쉬지도 못하고 아이들 공부 때문에 매주 토요일에 함께 중국으로 넘어갔다 일요일 저녁에 돌아오는 일정을 함께 했다. 좋아하는 골프도 포기하고 가족과 함께한 남편이 언제나 큰 힘이 된다.

큰아이도 작은 아이도 고등학교를 졸업 할 때까지 학교에서 외국 학생 중에 보통화를 제일 잘하는 학생이었다. 중국 본토 아이들이 대부분인 보통화 A반에서 유일한 한국 학생으로 공부했다.

의대를 목표로 하는 큰아이는 보통화보다는 수학이나 과학을 공부하는 것이 성적에는 도움이 된다는 사실을 잘 안다. 그러나 나는 아이들이 입시만을 위해 공부하는 것을 원하지 않았다. 필요한 것을 공부하고, 생활에 도움이 되는 것이 무엇인가를 먼저 생각했다.

큰아이는 영국 종합병원에서 일한다. 며칠 전 카톡을 하면서 큰아이가 에피소드를 들려주었다. 병원에서 중국어 하는 사람을 찾는데 아무도 없어서 자기가 도와주었다고 했다. 공부한 지가 너무 오래돼서 걱정하였는데 다행히도 별 무리 없이 통역하였다고 했다. 영어를 하지 못하는 중국인 엄마가 아이를 데리고 병원에 와서 의사소통이 안 돼 어려움을 겪는 중이었고 큰아이가 도움을 준 것이다.

대부분 현지에서 외국어를 공부하기가 쉽지만은 않다. 가장 효과가 좋은 방법이지만 시간과 경비의 부담이 만만치 않은 것이 현실이다. 예전보다 정부나 지방 자치단체에서 운영하는 외국어 교육 프로그램들이 많이 있다. 조금만 시간을 가지고 찾아본다면 자녀에게 알맞은 프로그램을 만날 수 있다.

도전이 없으면 실패도 없다.

1. 경제적이고 합리적인 방법을 찾는다.
2. 각자의 처한 환경이 다르므로 충분한 고찰이 필요하다.
3. 가끔은 새로운 도전이 필요하다.
4. 꾸준한 노력은 반드시 열매를 맺는다.
5. 넘치는 교재가 다 필요한 것은 아니다.
6. 자녀의 개성에 맞는 공부법을 찾아라.

Chapter 05
나만의 교육 철학을 만들자

01. 초기 투자가 대박을 낳는다.

20개월 된 둘째와 나는 집에서 TV를 보면서 시간을 보낸다. 홍콩 교육 방송을 틀어 놓고 큰소리로 따라 말한다. 아는 노래가 나오면 흥얼흥얼 따라서 부른다. 교육 방송은 과목당 15분씩 방송을 한다. 한 프로그램이 끝나면 알리는 말이나 방송시간표가 나온다. 화면을 캡처할 수 없을 때라 시간표를 일일이 보고 적어야 했다. 화면이 사라지면 다시 나올 때까지 기다린다. 보통 15분에서 1시간을 프로그램 시간표를 적기 위해 주방과 거실을 뛰어다녔다.

영어 선행 학습은 대학 입시를 위해 필요한가

결론부터 말하면 영어 선행 학습은 필요하다. 필자가 말하는 영어의 선행 학습은 학원에 다니고 무조건 단어를 외우는 공부를 말하는 것이 아니다. 영어 문법을 위해 강남의 학원에 늦은 밤까지 수업을 받으러 가고, 영어 점수로 평가받는 것이 아니다. 90점과 100점은 실력의 차이가 크지 않다. 점수를 가지고 판단하는 것은 우리 교육의 문제를 해결하는 데 걸림돌이 된다. 영어는 목표가 아니고 수단이 되어야 한다.

자녀가 영어를 읽고, 말하고, 듣기가 가능하다면 부모는 자녀에게 세상을 소개하는 힘을 주는 것과 같다. 넓은 세상의 이야기를 독서를 통해 알 수 있다. 새로운 정보는 학문에 대한 호기심을 자극할 수 있고, 좀 더 창조적이고 모험적인 사고로 발전할 수 있는 계기를 마련한다.

어린 자녀를 위한 좋은 프로그램들을 TV나 컴퓨터를 통해 접할 수 있다. 쏟아져 나오는 최신의 정보들을 책을 통해 직접 이해하고 받아들일 수 있다. 진정한 교육을 위한 수단으로 영어가 사용될 수 있도록 선행 학습은 필요하다고 생각한다.

영어의 선행 학습은 학원을 통한 학습이 아니라 모국어를 배우듯 자연스러운 학습을 말한다. 영어의 공부법은 다른 외국어를 공부할 때도 적용할 수 있다.

영어 공부에 적용할 수 있는 단계

3~4세 : 가능한 다양한 영어의 소리를 접할 기회를 제공한다.

글쓰기를 강요할 필요가 없다. (개인차 있음)

그림 그리기를 통한 영어 공부를 한다.

5~8세 : 글쓰기를 그림과 병행

그림일기 쓰기 시작

다양한 방법으로 영어 공부에 활력을 준다.

재미있는 교재로 규칙적인 공부

7~8세 : 긴 장문을 쓰는 연습을 시작한다.

영화 감상 후 질문과 대답 놀이를 한다.

체계적인 교재를 선택해서 공부 시작

초등학교 저학년까지는 영어를 듣기, 말하기, 읽기에 집중을 한다. 자녀가 좋아하는 책들을 읽을 수 있도록 환경을 제공한다. 초등학교 시절에 자녀 교육에 투자하는 것이 가장 좋은 결과를 가져온다. 이 책에서는 집에서 자녀와 함께 따라 할 방법들을 소개했다. 각 가정에 알맞게 방법을 변형해서 적용한다면 틀림없이 기대 이상의 결과에 도달할 것이다.

수학 선행 학습이 대입 준비인가?

초등학교에서는 중학교 수학을 선행한다. 중학교에서는 고등학교 수학을 선행 학습하고 있다. 1년 정도 선행 학습하던 것이 2년에서 3년까지도 선행 학습을 하고 있다. 선행 학습을 위해 자녀들이 잠을 줄이고 학교 수업을 소홀히 하는 것이 바람직한가. 선행 학습이 필요한 몇몇 학생들을 위해서 우리의 자녀가 들러리를 서고 있다는 생각이 든다. 대학 진학 시 수학을 전공하지 않을 대다수 학생이 많은 시간과 노력을 들여 수학 선행 학습에 목을 메일 필요가 있는가.

학교 수업만으로 모든 시험에 대비할 수 있는 시스템이 필요하다.

수학자가 될 것도 아닌 학생들이 고난도 수학을 풀어야 할 필요가 없다.

생각하는 힘을 길러라

"우리 아이가 교육의 지옥에서 벗어났으면 좋겠어요."

"마냥 밝게 뛰어놀았으면 좋겠어요."

“시험에 스트레스를 받지 않았으면 좋겠어요.”

“경쟁이 없는 곳에서 살았으면 좋겠어요.”

많은 부모님이 하는 이야기다. 틀린 말은 한 군데도 없다. 필자도 위의 말에 전적으로 동의를 한다.

신기술이 쏟아져 나오고 발전의 속도가 빠른 사회에 살고 있다. 우리의 자녀들도 이 사회의 한 구성원이다. 각자의 자리에서 사회인으로 성장하고 있다. 부모가 자녀들을 대신해서 해줄 수 있는 시간과 물질도 한정이 되어 있다. 그렇다고 자녀를 1급수에서만 살게 할 수는 없다. 사회가 발달할수록 사회의 구성원들도 함께 발전해야 하는 것이 현실이다. 사회의 발전에 따라가지 못하면 도태되고 낙오자가 되는 것이다.

책을 많이 읽어야 하는 이유도 주어진 현상을 이해하고 고민하고 받아들이는 연습이 필요한 사회에 살고 있기 때문이다. 초등학교에서는 사회 구성원의 자질과 생각하는 능력을 교육해야 하는 의무가 있다. 생각하는 능력의 기초가 되는 것이 독서의 힘이다. 저학년에 사고력의 교육이 이루어진다면 공교육이 제 기능을 하는 기초를 제공하는 것이다. 가정에서의 교육 역시 학교와 병행되어 최상의 교육 환경을 만들 수 있다. 좋은 교육 환경은 중학교와 고등학교에서도 스스로 잘 헤쳐 나갈 힘을 만들어 준다. 생각하는 힘을 지닌 자녀는 부모가 “공부 좀 해라”라는 말을 할 필요가 없어진다.

초등학교 시절에는 공부하는 습관과 책 읽는 습관을 만드는 것이 가장 중요하다. 부모가 이 시기에 최선을 다한다면 중, 고등학교는 특별히 어려움이 없다. 가장 적은 비용으로 최상의 피드백을 얻을 수 있는 시기이다. 중, 고등학교 시기는 학원과 사교육에 큰 비용을 지급하고도 만족할 만한 결과를 얻기가 쉽지 않다. 청소년기의 아이는 부모가 감당하기에 벅찬 부분이 있다는 사실을 받아들여야 한다. 초등학교와 유치원 시절에 투자하는 것이 시간과 비용은 훨씬 저렴하고, 좋은 결과를 가져온다고 필자는 경험을 통해 알고 있다.

02. 직접 찾는 수고를 들여라

자녀 교육은 엄마의 정보력이란 우스갯소리가 진실이 된 사회에 살고 있다. 날마다 쏟아지는 정보 속에서 어떤 것을 선택해야 하는지를 결정하는 것이 쉬운 일이 아니다. 두 아이를 학교에 보내고 엄마들과 커피 타임이 시작되면 교육에 관련된 수다가 시작된다.

누구는 어느 학원에 다닌다더라, 이번 학기에 어떤 아이가 성적이 많이 올랐다더라, 어떤 과목 선생님이 좋다고 하더라, 등등…

대부분 엄마는 자신의 이야기보다는 옆집 엄마의 이야기나 친구의 친구 얘기들을 쏟아낸다. 이야기는 엄마의 모임마다 불어나고 정확도가 떨어지지만, 엄마들은 새로운 얘기에 귀를 기울인다. 수다의 결론은 항상 목소리가 큰 엄마의 의견이 새로운 정보가 되곤 한다. 엄마들 모임에서 얻어진 정보는 그날 오후 각 가정에서 자녀들을 힘들게 만든다. 자녀들을 친구와 비교하고 공부를 어떻게 해야 한다는 등 큰 소리가 집 밖으로 흘러나오기도 한다.

두 아이를 키우면서 내가 얻은 결론은 직접 수고를 들여 찾아야 한다는 것이다.

강남의 돼지 엄마는 부모가 만든다.

둘째는 로컬(홍콩) 유치원에 다니고 있어 홍콩 초등학교에 보낼 계획이었다. 내 계획을 아는 주위의 사람들은 부모가 둘 다 한국 국적일 때는 자녀를 홍콩 초등학교에 보낼 수가 없다고 했다. 아쉽지만 나는 둘째를 홍콩 초등학교에 보내는 것을 포기했었다. 직접 교육청에 알아보라는 남편의 말에, 속으로 괜한 일을 한다고 생각하면서 남편이 하라고 한 일이라 나중에 한소리 듣기 싫어 교육청에 전화했다. 홍콩 교육청에서는 입학할 수 있다고 했다. 이렇게 간단히 알아볼 수 있는 일을 나는 그동안 시간만 낭비한 꼴이 되었다. 만약 주위 사람들 말을 믿고 포기했다면 생각만 해도 끔찍하다. 새로운 언어를 배울 기회를 엄마의 부주의로 포기할 뻔했기 때문이다.

첫째가 서울 의대를 지원 할 때 목소리 큰 엄마의 말에 의하면 한국어 능력 시험을 치러야 한다고 했다. 그 당시 많은 아이가 한국어 능력 시험을 준비하고 시험을 치렀다. 그 후에도 계속 시험에 응시했던 것으로 알고 있다. 내가 알아본 바로는 선택이지 필수는 아니었다. 학교 공부와 학교 학생회 일, 과외 활동을 하는 아이에게 한국어 시험까지 스트레스를 줄 뻔했다. 둘째도 한국어 능력 시험은 응시하지 않았다. 입시 요강에 선택이란 말이 나오면 무조건 많이 하는 것이 유리하다고 생각하는 것 같다. 대학이 올바른 판단을 한다면 합리적인 선택을 하는 것에 대한 불이익은 없다고 생각된다.

현명한 관찰자가 되라

회사에서 발령을 받아 가족과 함께 홍콩으로 오면 자녀가 들어갈 수 있는 학교는 한정이 되어있다. 첫째가 처음 입학한 학교는 한국 아이들이 대부분 이었다. 나는 첫째가 공부하는데 좋은 학교라고 생각했고, 지금도 그 생각은 변함이 없다. 2학년이 되면서 많은 엄마가 아이들 학업을 위해 더 좋은 학교로 전학을 준비하기 시작했다. 2, 3학년 때 대부분 반 아이가 전학했다. 우리 아이가 제일 늦게 학교를 옮겼지만, 중학교에 올라가서는 초등학교 저학년부터 레슨을 하고 일찍 학교를 전학한 아이들에 비교해서 절대 뒤지지 않았다. 초등학교 저학년 때 전학을 가지 않고 기초를 다지고 즐겁게 공부한 것이 도움이 많이 되었다.

내가 영어를 알아듣지 못해도 학교에서 하는 행사에 나는 가능한 참석을 했다. 무슨 내용인지는 정확하게 알 수는 없지만 조금은 내용을 알아들었다. 학교 행사에 참여하면서 아이들 공부에 대한 정보를 얻을 수가 있다. 새 학기마다 학교에서는 참관 수업을 한다. 여러 해 나는 수업을 참관했다. 우리 아이 반뿐만 아니라, 다른 반이나 저학년 수업에도 들어갔다. 아이들이 공부하는 모습이 궁금했다. 과목에 따라 선생님들의 수업 방식도 보고 싶었다. 참관 수업을 통해 나는 학교 수업이 어떻게 진행되는지를 알 수 있었다. 이런 경험은 아이들과 수업에 관해 얘기할 때 도움이 되었다.

둘째가 미술을 하기로 했다. 나는 방학 동안 미술 공부할 수 있는 프로그램을 인터넷으로 찾아보았다. 여러 가지 프로그램 중에서 몇 가지를 골라 가족과 함께 의견을 나눴다. 우리는 둘째가 영국의 유명한 미술 대학 여름 학기에 등록하는 것이 좋다는 결론을 내렸다. 둘째는 여름 학기에 미술 공부하기 위해 원서를 내고 모든 준비를 하였다. 막연하게 생각하고 미술 입시 학원에 보냈다면 둘째는 지금 전혀 다른 곳에서 미술을 하고 있을 것이다. 미술을 한다는 것이 나쁜 선택이란 것은 아니다. 아이들 스스로 미래에 대해 고민을 해야 한다는 것이다. 현실을 바라보는 안목을 길러야 한다. 본인이 좋아하는 것을 무조건 선택할 수 없다는 사실도 인정해야 한다.

선배는 선생님이다

입시 철만 대면 누가 영국의 유명한 대학에 합격했고, 미국의 유명 대학에 합격했다는 기쁘고 부러운 소식이 들린다. 입시를 준비해야 하는 엄마로서는 자녀가 원하는 전공으로 좋은 대학에 입학한 아이의 부모가 한없이 부럽기만 했다. 입학생 엄마를 알고 있는 지인을 통해 전화번호를 받고 무작정 전화를 건다. 가능하다면 만나고 싶다고 인사를 한다.

자녀에 대한 불안한 심정을 충분히 이해하고 있는 입학생 엄마는 시간을 내주신다. 나는 내가 궁금한 이야기들을 꼬치꼬치 물어본다. 그리고 우리 아이가 직접 선배를 만나게 시간을 맞춘다. 본인이 직접 궁금한 것을 물어보는 것이 훨씬 도움이 된다. 둘째는 원하는 대학의 졸업 선배들을 한국에 와서 만났다. 지인을 통해 알지도 못하는 선배를 전화로 연락해서 종로 한 카페에서 만났다. 긴 시간 공부와 대학에 관해서 많은 이야기를 해준 선배 언니들에게 감사한다. 나는 아이들이 직접 선배를 만나서 이야기할 수 있는 자리를 가능하다면 마련해 주었다. 엄마의 말보다는 선배의 이야기가 더 도움이 된다는 것을 믿기 때문이다.

홍콩에 살면서 아이들과 지도를 가지고 도서관을 찾아다니고 서점을 찾아다녔다. 중국에 방학 동안 있으면서도 나는 아이들과 지도를 보면서 서점을 찾았다. 가는 곳마다 나는 아이들과 제일 먼저 도서관을 찾는다. 서점과 도서관을 찾아가고 책을 접한다면 어렵지 않게 아이들이 책과 친해질 수 있다고 믿는다.

필요한 정보가 있다면 직접 찾기를 바란다. 정보와 관련된 기관을 찾아 방문하거나 인터넷으로 조사를 해야 한다. 직접 알아본 정보가 자녀의 공부와 대학 입시에 좋은 영향을 미치기 때문이다.

03. 세계의 대학을 목표로 세워라

나의 심장을 뛰게 했던 책

12년 전 작가이자 저널리스트인 가일스 밀턴의 "향료 전쟁"을 읽었다. 내용은 16~17세기, 향료 무역의 주도권을 잡기 위해 벌어지는 스페인, 포르투갈, 영국, 네덜란드 간의 전쟁을 소재로 했다. 인간의 끝없는 욕심과 잔인함은 읽는 동안 마음을 아프게 했다. 목숨과 맞바꾸는 모험에 인간의 열정과 용기가 그려졌다. 주인공들의 충성심과 열정은 한 시도 눈을 뗄 수 없는 긴장과 감동에 단숨에 읽은 책이다. 책을 덮고도 나는 오랫동안 벅찬 감동에 빠졌다. 어른이 된 후 서양문화에 대해 새로운 눈을 뜨는 계기가 되었다. 끝없는 도전에 대한 감동적인 이야기이다. 기회가 된다면 자녀와 함께 읽기를 추천한다.

자라면서 우리의 교육이 나에게 세뇌를 하였는지 아니면 매스컴이 나에게 영향을 미쳤는지는 알 수가 없다. 나는 서양 사람에 대한 열등의식이 나의 내면에 있다는 것을 알고 있다. 내가 말하는 서양 사람은 영국과 미국을 의미한다. 인류의 역사에서 근대사에 가장 큰 영향력을 미치고, 불평등과 무력으로 자국의 이익을 챙긴 대표적인 나라이다. 이런 이유로 나는 강국에 대한 적대감을 가지고 있다.

긴 세월 내 생각은 흔들리지 않았다. 이 책을 읽기 전까지는 말이다.

향료전쟁을 읽으면서 영국 사람들의 모험 정신에 나는 정신이 바짝 들었다. 오래전부터 영국은 새로운 항로를 개척했다. 새로운 항로는 새 세상으로 나가는 길을 마련하였다. 모험과 개척 정신은 새로운 세상으로 나가는 선박에 투자를 가능하게 하였다. 차라리 무모하다고 할 수 있는 항해에도 자신의 전 재산을 투자하는 투자가들이 있었다. 투자가는 자금을 투자하고 선원과 선장은 자신의 목숨을 걸고 항해를 준비하였고, 모험을 기다리는 선박들이 항구에 북적였다.

항해에 필요한 물품들이 발명되고 수년간의 항해는 새로운 땅을 개척하고 식민지로 만드는 결과를 가져왔다. 이 책은 목숨을 걸고 항해하면서 겪는 인간의 믿음과 신념에 관한 이야기다. 수많은 목숨을 잃어도 재도전하면서 역경을 극복하는 그들의 정신력이 나를 긴장 시켰다. 내가 이 책을 읽으면서 가장 크게 와 닿은 부분은 우리 아니 나 자신이 너무 작은 세상에서 살고 있다는 사실이다. 옛 속담에 우물 안 개구리란 말이 있다. 과거 대부분의 우리 국민과 정치인들은 우물 안에서 볼 수 있는 하늘만을 바라보며 살았다는 생각이 든다. 일본의 근대사를 보면서 안타까움을 느끼는 것은 우리가 놓쳐버린 것들을 그들은 자신들의 것으로 만들었기 때문이다.

세상이 중심이다.

나는 우리 자녀들이 과거 역사의 잘못을 되풀이하지 않기를 바란다. 어렸을 때부터 세계관을 심어 주어야 한다. 이 세상은 여러 민족이 어우러져 살아가는 곳이다. 우리 자녀들은 세상을 상대로 경쟁을 하여야 한다. 지구 반대쪽에 있는 누군가가 나의 경쟁자임을 이해하여야 한다. 작은 생각은 우리 자신을 큰 그릇으로 만들 수가 없다. 부모는 자녀의 생각과 꿈을 세상을 향해 나아갈 수 있도록 환경을 제공할 수 있어야 한다.

공부가 아니어도 자녀들이 좋아하고 관심을 가지는 것에 투자하는 것 역시 필요하다. 새로운 언어를 배우는 것도 하나의 방법이다. 공부나 새로운 기술을 배우기 위해 세계의 대학에 문을 두드릴 수 있는 용기를 누구나가 가질 수 있는 학교 교육이 이루어져야 한다. 실패를 두려워하지 않는 모험 정신과 새로운 것을 개척하는 정신이 돋보이는 사회가 되어야 한다. 실패하는 것이 도전하지 않는 것보다 칭찬받는 사회가 되어야 한다.

우리의 자녀는 4차 혁명의 시대에 살고 있다. 빠르게 발전하는 사회에 적응하고 미래를 설계하기 위해서 젊은이들은 세상에 나아가야만 한다. 시야를 넓히고 경험을 쌓아서 미래의 삶을 개척하기를 바란다.

04. 자존감은 성장 한다

예전에 초등학교 교과서나 자습서에 나온 지문 중에는 얼굴이 못생기고 뚱뚱한 사람이 성격이 나쁘게 나오는 경우가 종종 있다. 반대로 얼굴이 예쁘면 마음씨도 좋게 나온다. 사소한 것에 신경을 쓴다고 할 수 있으나 아무도 의식하지 못하는 가운데 우리는 편견을 갖게 되는 것이다. 일대일로 만나는 경우를 제외하고, 나는 지금도 아이들을 만나면 외모에 대해 인사는 하지 않는다.

"예뻐졌네."

"참 잘 생겼구나."

"너무 예쁘네."

"정말 날씬하구나."

한 아이를 칭찬하기 위해 한 말이 사실이든 아니든 옆에 있는 아이는 상대적으로 비교를 당한다. 한 아이는 잘생긴 아이고 나머지 한 아이는 잘 생기지 못한 아이이다. 지금껏 나는 자녀의 외모를 가지고 인사하지 않으려고 의도적으로 노력했다.

우리나라 사람들은 유독 다른 사람에 대한 평가를 많이 한다. 모르는 사람이 지나가도 한마디씩 거드는 것은 자연스럽기까지 하다.

"살이 너무 쪘네."

"키가 작네."

"옷 스타일이 영 아니네."

"너무 말랐네."

사람들은 다른 사람 외모에 관심이 많다. 나는 괜찮은데 다른 사람들의 눈 때문에 외국에서는 당당한 사람들도 한국에서는 다른 사람의 눈을 의식한다. 다른 사람의 외모를 평가하는 것이 나중에 나와 우리의 자녀에게 부메랑이 되어 돌아온다는 것을 알아야 한다. 나는 아이들에게 다른 사람들의 외모에 대해 평가하지 말라고 자주 당부한다.

자신의 모습에 자신감을 느끼도록 칭찬한다.

한국에 오면 공항에서 올해의 유행하는 립스틱 색을 알 수가 있다. 모두가 다 같은 색의 립스틱을 바르고 있다. 어느 드라마의 여주인공이 바른 색과 같은 색이라고 나는 생각한다. 과거에 활동했던 연예인을 TV에서 보고 나는 깜짝 놀란다. 분명히 20년 전에 본 얼굴인데 오히려 그때보다 더 젊어진 것 같다. 연예인을 보다 보면 비슷한 얼굴들이 떠오른다. 분명 다른 사람인데 누군가와 너무 닮았다. 자신의 모습에 당당해 져야 우리의 자존감이 성장한다. 자신을 사랑할 수 있어야 내 삶의 주인이 될 수 있다. 성장하는 자녀가 외모로 고민하지 않는 사회가 될 수 있도록 어른이 모범을 보여야 한다.

화장을 지우는 사회

언제부터인가 한국 사회에서는 여자가 특히 직장 여성이 화장하지 않으면 실례가 된다. 아니 게으른 여성으로 생각하기 일쑤이다. 화장품 관련 회사에서 뛰어난 마케팅 실력으로 국민을 우롱했다고 생각한다. 각종 매스컴에 나온 패널들은 입을 모아 화장을 해야 하는 필요성을 강조한다. 동방예의지국에 살면서 화장을 하지 않고 회사에 가는 것을 마치 세수하지 않은 얼굴로 외출하는 것에 비유한다. 오래전에 이미 사회 전반에 파고든 사회적 인식이다. 세계 어느 나라에 가도 한국처럼 화장하는 곳은 아직 경험하지 못했다. 화장하는 것이 나쁘다는 것이 아니다. 혹시 게으른 여성으로 비치는 것은 아닐까, 직장에서 실례가 되는 행동은 아니냐는 우려에 화장하는 여성들이 있다는 사실이다. 남의 눈을 의식하는 사회에서 이제는 깨어나야 하지 않을까. 내가 필요로 해서 나의 선택으로 하는 행동은 박수를 보낸다. 그러나 주위를 의식한 행동은 어떤 이유에서라도 불편한 사회가 바람직한 사회이다. 나아가 자녀들이 행복하게 살 수 있는 환경을 제공하는 시작이 된다.

벌거벗은 임금님

초등학교를 졸업하면 부모님들이 자녀의 화장품을 선물한다고 한다. 초등학생들도 화장한다고 한다. 중고등학교가 있는 동네에 가면 학교에서 나오는 학생들이 화장하고 있는 것을 쉽게 볼 수 있다. 본인들이 아는지 모르는지는 모르겠지만 얼굴색과 맞지 않게 얼굴을 귀신처럼 창백하게 하얀색으로 칠한 학생들이 너무도 많다. 부모님들이나 학교 선생님들은 학생들이 화장하는 것이 정말 예쁘다고 생각하는지 개인적으로 궁금하다. 일본 여자를 연상시키는 하얀 얼굴에 빨간 립스틱을 볼 때마다 방송에 나오는 패널들의 무책임한 발언과 화장품 회사의 마케팅에 감탄이 나온다.

자신이 가지고 있는 자신의 색을 다듬어 돋보이게 할 수 있는 자존감을 길러야 한다. 자신만의 멋진 개성을 연출 할 수 있는 당당함이 돋보이는 사회가 되어야 한다. 어린 청소년들의 행동에 기성세대는 책임을 통감해야만 한다. 능력과 노력이 중시되는 사회가 아니라 스펙과 외모가 인정받고 선택되는 사회를 만들었기 때문이다. 예뻐지고 잘 보이려는 것은 인간의 본성이다. 그러나 지금의 현상은 정상적이지 않다. 어른들과 방송은 이런 현상에 대해 아무도 용감하게 말하지 않는다. 벌거벗은 임금님처럼 보이지 않는 옷을 최고라고 박수를 보내는 사회에 살고 있다. 내 생각이 다 맞는 것은 아니지만 그래도 나는 어린아이의 눈으로 사회를 보고 있다고 생각한다.

05. 행복한 가정은 건강한 자녀를 만든다.

특별한 일이 없으면 남편과 나는 영화를 본다. 인터넷을 뒤져 새로운 영화가 나오면 챙겨 본다. 집안일을 해야 하면 영화를 본 후로 미룬다. 남편도 설거지는 모았다가 내일 하라고 하면서 나를 부른다. 완벽하게 살림을 하지 못하는 나의 성격도 한몫한다. 나는 집안일 하는 것을 제일 싫어한다. 내가 해야 하는 것들을 다하고 시간이 남으면 집안일을 시작한다. 가족과 산책을 하는 것이 우선이다. 가족과 운동을 하는 것이 나에게는 우선이 된다. 아이들과 놀이를 하는 것이 우리 부부에게는 우선이어야 한다.

하루에 네 번 식사

가족과 함께 하는 것이 우리 부부에게는 항상 일상이 되었다. 가족의 행복을 위해서는 많은 시간을 함께할 수 있어야 한다. 남편이 퇴근할 때 가끔 전화해서 밖에서 아이들과 함께 저녁을 먹자고 한다. 남편이 전화하면 언제나 나는 남편의 의견을 전적으로 받아들인다. 아이들과 이미 저녁을 먹은 후에도 외식하기 위해 아이들과 약속 장소로 간다. 아이들에게는 저녁 먹은 사실을 아빠에게 말하지 말라고 당부한다. 저녁을 먹으면서 아이들과 나는 속이 불편하다는 핑계로 평소보다 적은 양을 주문한다. 우리는 이렇게 완벽하게 아빠를 속이고 함께 외식한다.

대학 때부터 나는 점심을 두 번씩 먹을 때가 많았다. 친구들과 먹은 후에 남편과 두 번째 점심을 먹는 것이다. 결혼 후 지금까지 남편과의 두 번째 식사는 계속되고 있다. 남편의 전화에 나는 항상 기쁨 대기자이다. 모처럼 식사하자는 제안을 거절하고 싶지 않기 때문이다.

아이들이 외국에서 일하고 있다. 일 년에 온 식구가 함께하는 것이 쉬운 일이 아니다. 장거리 비행을 하는 것은 힘이 들지만, 비용도 만만치 않다. 하지만 우리 가족은 일 년에 2번 정도는 항상 함께한다. 아이들이 휴가 일정을 맞추어 함께 휴가를 떠나는 것이다. 아이들 생활이 넉넉하지 않다는 것은 알고 있으나 돈을 지출해야 하는 것에 대해서는 지출을 하도록 분위기를 만든다. 평소에는 우리 부부가 아이들을 방문한다. 절약이 미덕일 수도 있다. 그러나 과소비가 아닌 형편에 맞는 생활이라면 나는 소비를 주장한다. 경제 활동을 하면서 돈을 번다는 것은 우리 생활에 수단으로 돈을 소비하기 위한 것이다. 돈이 목표가 되는 것을 원하지 않는다. 일이 내 삶의 목표가 되는 것도 원하지 않는다.

죽음이라는 목표를 향해 가고 있다는 사실을 망각하지 말아야 한다. 부와 명예에 대한 평가는 개인이 받아들이는 마음의 그릇에 의해 좌우된다. 다른 사람들이 평가하는 것이 아니다. 그래서 나는 가족의 행복을 최우선으로 한다.

06. 자녀는 선물이고 손님이다.

일제강점기와 6.25 전쟁을 겪으면서 한국의 부모는 공부만이 가난을 벗어나는 유일한 길로 생각했다. 자녀 학비를 위해서는 부모의 전 재산인 소와 돼지를 장에 내다 팔았다. 부모보다 나은 환경에서 생활해야 한다는 굳은 생각을 하고 있었다. 개천에서 용 난다는 말은 가끔 시골 마을에 현수막을 걸게 하였다.

사회적으로 어려운 환경에서 생활한 50~60대의 부모는 사회에서 출신 대학 때문에 받는 차별을 경험했다. 능력보다도 학벌이 우선인 사회에서 자녀만큼은 좋은 대학에 보내기를 희망했다. 자녀의 교육에 필요한 비용은 당연하게 지급하였다. 좋은 스펙을 위해서라면 기러기 아빠도 마다하지 않았다. 어린 자녀의 외국 유학과 기러기 아빠는 많은 문제가 있지만, 누구도 대책을 내놓지는 못했다.

부모는 자신이 이루지 못한 꿈을 자녀가 이룸으로써 보상받기를 희망했다. 자녀는 부모에게 주어진 선물이다. 내가 받은 선물은 내가 원하는 것일 수도 있지만 내가 기대하지 않은 것 일 수도 있다. 선물은 그 자체로 감사하고 고마운 것이다. 부모의 꿈을 실현하는 대리인이 아니다. 부모의 계획대로 움직이는 로봇은 더욱 아니다. 자녀의 존재 자체를 감사하게 받아들여야 한다. 자녀가 원하는 것을 이해하려고 노력해야 한다. 부모는 자녀 위에서 명령하는 감시자가 되면 안 된다. 선물을 받으면 우리는 선물의 용도에 맞게 사용한다. 우리도 자녀가 모두 1등을 할 것이라 기대하지 말자. 공부에 최선을 다해 누구나가 아는 명문 대학에 입학할 것이라는 기대도 하지 말자.

기다리는 손님

부모의 품 안에서 독립할 때까지는 불과 20년 전후이다. 성인이 된 후에는 독립할 수 있는 능력을 갖출 수 있도록 안내하는 것이 부모의 역할이다. 자녀가 독립해야 하는 시기에는 손님을 배웅하듯 섭섭하지만 기쁜 마음으로 보내 주어야 한다. 독립 후에도 자녀에 대한 미련을 놓지 못하면 부모와 자녀는 새로운 문제들로 어려움을 겪게 된다. 자녀를 손님이라고 생각한다면 자존감을 세우고 존중하는 부모가 될 것이다.

교육은 국가의 미래를 결정하는 엄청난 힘을 가지고 있다. 대한민국은 교육에 대한 투자와 노력을 자녀가 있는 부모가 감당하고 있는 것이 현실이다. 사회의 큰 문제가 되는 사교육도 이러한 환경에서 비롯되었다.

사교육이 개인의 문제인가?

교육 정책이 단기적인 이유가 무엇인가?

이러한 질문에 대한 대답을 얻어내기 위해서는 반드시 교육 전반에 걸친 혁명적인 제도가 실행되어야만 한다. 모든 학생을 똑같은 잣대를 가지고 평가하는 것은 가장 불평등한 제도라고 생각한다. 내가 학창 시절이던 1970년대에도 교육은 사회의 큰 문제 거리였다. 고등학교 시절에는 과외가 법적으로 금지가 되기도 했다. 신문의 사회면에는 과외를 하다 걸리거나 신고로 인하여 처벌되는 사회 지도층들의 부모와 자녀들에 관한 기사가 심심치 않게 실리곤 했다. 50년 가까운 세월 동안 우리나라 교육 문제는 해결의 실마리보다는 깊은 수렁 속에 빠지는 느낌이 더 크다. 정권이 바뀔 때마다 교육 정책이 쏟아졌고 또다시 새로운 사교육이 등장하였다. 교육도 제도의 혁명을 통해서 위에서부터 이루어져야 할 것이다. 우리 자녀가 행복한 어린 시절을 보낼 수 있는 사회적 기반이 마련되기를 바란다.

you make me
smile

Part
03

교육도
혁명이
필요하다

자식을 양육할 뿐 교육하지 않는 것은 아버지의 과실이고

제자에게 엄격한 교육을 하지 않는 것은 스승의 태만이다.

－삼자경－

공부야! 학교 가자

01. 학교가 아프다.

"엄마, 고마워요"

"세상에 이렇게 좋은 책이 있었네요."

"책 안에 답이 다 나와 있어요."

"선생님이 물어보는 것들도 다 나와 있어요."

"와~ 한국 애들은 정말 좋겠다."

"정말 고마워요, 감사합니다."

둘째가 한국 토요 학교에 4학년으로 들어갔다. 영어 공부를 해야 했고, 광동어, 보통화를 해야 해서 나는 한국어까지 공부해야 한다고 말을 할 수가 없었다. 국제학교로 전학을 하고 나서 우리 부부는 둘째도 한국 토요 학교에 보내기로 마음먹고 실천에 옮긴 것이다. 볼 일이 생겨 한국에 들어왔을 때 둘째를 위해 자습서를 샀다. 한국어 공부할 때 도움이 될 것 같아서 두 곳의 출판사에서 나온 것을 선택했다. 내가 초등학교 때는 00 전과라고 모든 학생의 필수품이었다. 그 책 없이는 숙제도 공부도 거의 불가능했던 것으로 기억한다.

둘째는 너무 좋은 책이라며 신기해하며 오랫동안 나에게 고맙다고 인사를 했다. 둘째의 지나친 감격에 나는 어리둥절했다. 나의 어린 시절 당연했던 것들이 우리 아이에게는 특별한 경험이었기 때문이다. 홍콩은 영국의 영향 안에서 발전해 왔다. 긴 세월 시행착오를 겪으며 만들어진 영국의 좋은 제도들이 그대로 수입이 된 것이다. 그 이면에는 식민지란 정치적 암흑기가 존재하지만, 상대적으로 홍콩은 많은 것들을 영국으로부터 받았다고 생각한다. 그런 이유로 홍콩 사람들은 아직도 자신들을 중국 사람이라고 생각하지 않고 홍콩 사람이라고 말한다. 나 역시 공감하기는 마찬가지이다. 여러 분야에서 영국인들의 합리적인 제도들이나 시설들을 대할 때면 나도 모르게 감탄사를 연발하곤 한다.

우리 아이들을 영국 학교에 보내면서 교육의 중요성을 절실하게 느낀다. 공부에 찌들지 않고도 즐겁게 학교에 다니는 아이들을 볼 때면 한국의 교육에 분노가 일기도 한다. 내가 워낙 교육에 관심이 있고 안타까워하는 마음이 강하기 때문이다.

아이들이 시험 스트레스 없이 학교에 다닐 수는 없을까?

밤늦게 거리를 방황하지 않으면 얼마나 좋을까?

왜 학교에서 충분한 공부가 이루어지면 안 될까?

학생 평가에서 합리적인 시스템은 실행되기 어려운가?

학부모 모임이 순수한 학부모 모임일 수 없는가?

왜 획일적인 교재만을 가지고 공부를 해야 하나?

바른 선생님에 대한 평가는 누가 하는가?

등등… ….

끝도 없이 올라오는 의문들은 지금껏 내가 고민하는 것이다.

교육 전문가들은 누구를 말하는 것일까?

한국의 주입식 교육에 젖어있는 어른들이 교육 전문가인가?

다양한 교육 현장에서의 경험을 바탕으로 하고 있을까?

교육 공무원들이나 국회의원들이 세계 여러 나라의 교육 현장을 답사한다. 홍콩에도 한국에서 교육계에 몸담은 분들이 현장 실습 혹은 견학이란 이름으로 방문한다. 그럴 때면 나는 걱정이 앞선다. 그들이 무얼 보고 어떤 것을 배우고 갈 수 있는가? 또 한국에 돌아가 어떤 미흡한 교육 정책을 쏟아 낼까?

교육 문제 해결을 위한 방안들이 나올 때마다 나는 웃음을 참지 못한다. 정확하지는 않지만 2000년 이후로 기억된다. 열린 교육이란 구호를 외치더니 초등학교의 담이 사라졌다. 학교는 학생들의 교육뿐만 아니라, 안전도 보장해야 한다. 학교의 담을 튼튼히 세우고 경비를 강화해야 한다. 학교 안에서 우리의 자녀는 안전에 문제가 없어야 한다. 앞에 제시한 기본적인 이유를 무시하고 열린 교육은 많은 학교의 담을 허물었다.

열린 교육은 먼저 선생님들의 자질이 향상되어야 한다.

교육의 교재가 다양하게 마련되어야 한다.

아이들을 객관적으로 평가할 방법이 마련되어야 한다.

열린 교육이 가능할 수 있도록 교육 시스템의 개혁이 전제되어야 한다.

학교는 배우는 장소다

예전에 읽은 어느 초등학교 학부모의 글이 기억난다. 초등학교 입학 전에 한글을 떼고 올 필요가 전혀 없다고, 학교에서 지도한다고 했다. 이 말을 믿고 한글을 모른 상태에서 초등학교에 보낸 학부모는 1학년 시작하자마자 받아쓰기를 하고, 알림장에 숙제와 과제물을 받아 적게 하는 학교와 선생님에게 충격을 받았다고 하였다. 물론 그 아이는 알림장에 숙제를 적어오지 못했다.

큰아이는 초등학교 입학 할 때 자기 이름도 영어로 쓸 줄 몰랐다. 학교 수업만으로 영어를 배우고, 즐거운 학교생활을 보냈다. 마음껏 뛰어놀고 운동하면서 학교 수업을 따라 갔다. 중학교부터는 스스로 학교 공부에 열정을 보였고 상위권을 유지했다. 학교에서 배우는 수업에 만족하고 잘 이해되지 않는 것은 학교 선생님께 도움을 청했다. 시험에서 1, 2점을 높이기 위해 밤을 새우지도 않았다.

작은 아이는 4학년에 영국학교에서 공부를 시작했다. 담임선생님이 작은 아이 영어로는 수업이 어렵다고 했지만, 1년이 지나고 별문제 없이 수업을 따라갔다. 집에서 레슨을 한 것도 아니다, 공부하라고 재촉하지도 않았다. 오직 학교 수업만으로 아이들은 실력이 향상됐다.

학교는 아이들을 가르치는 교육기관이다. 집과 학원에서 배운 것을 확인하고 시험을 보는 장소는 더더욱 아니다. 학교가 학교의 기능을 상실하고 있다. 사교육을 받지 않아도 학교 수업만으로 실력이 평가되어야 한다. 평가는 객관적이고 공정하게 이루어져야 한다. 학교의 평가는 어디에서나 신중하게 받아들여져야 한다. 모든 아이에게 공평한 잣대로 평가한다는 것은 결과물을 가지고 판단하는 것이 아니다. 학생 개개인의 과제물에 대한 과정을 들여다볼 수 있는 선생님의 실력과 노력이 필요하다. 학교에서 가르치는 교육의 질에 대한 모니터링과 선생님의 재교육 그리고 평가가 뒤따라야 한다.

논술 학원이 생기다

2003~8년 사이에 논술에 대한 중요성을 강조하기 시작했다. 대학들은 대학 입시에 논술에 대한 비중을 크게 두었다. 순수한 기능으로 논술은 바람직한 교육의 방향을 제시하고 있다. 논술을 통해 주입식 교육에서 벗어날 수 있는 수업이 가능하기 때문이다. 창의력을 기르고 독서를 통한 인성과 자아 정체성의 기초를 쌓을 수 있기 때문이다. 그러나 현실은 예상과도 너무나도 동떨어진 결과를 가져 왔다. 논술은 새로운 과목이 되어 논술 학원이라는 또 다른 사교육이 판을 친다. 두 아이를 교육하면서 논술에 관해 특별한 공부를 시키지 않았다. 학교에서 초등학교 저학년부터 자연스럽게 논술을 시작했다. 논술 과목이 추가된 것이 아니라 수업 자체가 논술과 병행이 되었다. 한국의 아이들은 어른들의 무지로 인해 새로운 과목이 생겨났다. 그것은 아이들에게 또 다른

큰 스트레스를 안겨 주었다.

수시 전형이 생기다

대학 입시에 수시전형이 도입되었다. 수시전형은 학생들을 여러 방법으로 평가할 수 있는 좋은 입시제도이다. 암기 위주의 수업에서 두 각을 나타내지 못한 학생이라 할지라도 여러 가지 모양으로 학업에 대한 가능성을 보여 줄 수 있는 제도이다. 숫자로 나타나는 시험 결과로 학생을 판단하는 것은 한 가지 기능만을 인정할 수 있는 모순이 있기 때문이다. 내가 수시 전형을 반기는 이유다.

한국의 교육 시장은 예상했던 것처럼 새로운 분야에 또 다른 사교육을 만들었다. 컨설팅을 통해 대학 입시를 준비하도록 강요됐다. 대학 수시전형 원서에 써넣을 스펙을 만들어야 했기 때문이다. 봉사 활동이 자발적인 것이 아니라 봉사 활동 과목이 된 것이다. 봉사는 학생이 평소 관심이 있는 곳이나 공부와 관련된 곳을 찾아 경험을 쌓고 봉사의 의미를 배울 수 있어야 한다. 그러나 현실은 어떠한가? 봉사의 의미보다는 시간을 채우는 봉사가 된 느낌이다. 때론 부모가 대신해주는 봉사에 관련된 기사를 보기도 했다.

내 자녀가 소중하다면 다른 자녀 역시 소중하다는 사실은 인정해야 한다. 아무리 좋은 제도라 하여도 그것을 실천하는 개개인이 잘못된 방법으로 이용한다면, 무슨 소용이 있겠는가? 미래의 우리 사회를 짊어지고 갈 자녀들에게 정당한 경쟁의 사회를 제공하기를 바란다. 자기 자녀만을 위해 몸부림치는 사회에서 벗어나길 희망한다. 함께 가는 사회에서 웃는 자녀들의 모습을 상상했으면 한다.

자연스러운 글쓰기 훈련

주입식 교육에서는 암기를 잘하는 사람이 월등한 능력을 인정받는다. 불필요한 과목까지도 무조건 외우고, 실기를 배제한 교육은 창의력을 떨어뜨린다.

정부의 대학 입학 본고사 금지 정책에 따라 1997학년부터 논술고사 또는 면접고사를 치르면서 논술을 입시에 반영하였다. 논술은 글쓰기를 강조한 교육의 시작이었다. 바람직한 방향이었지만, 글쓰기는 논술이라는 새로운 과목을 만드는 주체가 되었다. 아이들에게 또 다른 스트레스를 주었고 논술의 기본 교육에서 벗어나 공장에서 찍어내는 논술이 필요한 현실을 만들었다. 학교에서 부족한 논술 공부는 사교육을 통해서만 이루어졌다. 사교육에서는 높은 수준의 논술을 가르쳐서 아이들이 집에서도 학교에서도 배울 수 없는 논술 과목이 되어 버렸다. 대학 입시에서 논술은 대학생도 접근하기 어려운 문제들을 내면서 사교육의 필요성을 더욱 부채질하였다.

새로운 정책을 제시하기 전에 현장에서 실행할 수 있는 환경을 만들기를 바란다. 선생님들의 재교육을 통해 현장에서 실행할 수 있는 구체적인 계획이 먼저 이루어져야 한다.

아이들의 글쓰기는 책을 읽고 부담 없이 접근해야 한다. 누구나가 할 수 있는 쉬운 방법을 통해서 교육되어야 한다. 좋은 교육 정책이 마련되어도 상황에 맞지 않으면 아무 의미가 없다.

저학년의 논술 시작은 그림과 글쓰기가 함께 진행되어야 한다.

1. 그림을 그리고 그림을 설명하는 것이다.
2. 시간이 지나면서 설명의 양이 늘어난다.
3. 글의 양이 늘어나면서 글의 질이 향상된다.
4. 그림과 글을 통해 글 쓰는 것에 대한 거부감을 없애는 것이 가장 중요한 열쇠이다.
5. 초등학교 저학년은 모든 과목이 그림과 연계되어야 한다.

02. 교육 어른이 문제다

"의대를 가려고 하는데 집에서 어떤 과목을 레슨 하면 좋을까요?"

"왜 레슨을 하려고 하나요."

"미리 준비해서 공부에 도움이 되었으면 해서요."

"제가 학생일 때 어떤 레슨도 받지 않았어요."

"저희 딸도 의대에 진학했는데…."

"레슨은 시키지 않았어요."

"학교 공부만 충실하게 하면 걱정하지 않아도 괜찮아요."

큰아이가 고등학교 1학년일 때 담임선생님과 면담에서 나눈 이야기이다. 선생님은 이해할 수 없다는 표정으로 나에게 말했다. 학교에서 공부를 가르치고 있는데 따로 집에서 레슨이 필요 없다고 했다. 선생님의 말씀을 들으면서도 나는 왠지 불안했다. 대학 입시를 위해서는 무엇인가를 준비해야 한다는 생각을 지울 수가 없었다. 선생님이 나에게 레슨 하면 좋을 과목을 알려 줄 거라고 기대를 하고 면담을 신청했었다. 선생님과의 면담 후 며칠 동안 나는 고민을 하였다. 선생님의 말씀대로 학교에 전적으로 맡겨야 할까? 아니면 미리 필요한 과목들을 선택해서 레슨을 시켜야 하나? 큰아이의 미래가 걸려 있어서 고민이 되었다. 사실 사교육을 시키지 않고 있어 내가 불안했었다. 나는 남편과 상의 후에 선생님과 학교를 믿고 레슨을 하지 않기로 했다.

인간은 사회적 동물이다. 사회의 구성원으로 각자가 처한 환경에서 적응하면서 살아간다. 자신이 선택한 직업을 가지고 만족하며 살기를 원한다. 그러나 현실은 여러 가지 이유로 만족하지 못하는 삶을 이어가고 있다.

부모가 되면서 과거 이루지 못한 자신의 꿈을 자녀를 통해서 얻고자 희망한다. 자녀를 동일시하는 것이다. 자녀의 미래에 대한 걱정과 성공을 위해서라고 포장하지만, 결국 어른들의 욕심이 바탕에 깔린 것이다. 부모님들이 처한 현실이 소위 말하는 좋은 대학을 졸업하지 못한 것 때문이란 생각을 하기도 한다. 그래서 자녀가 모든 경쟁에서 이기기를 바라고, 옆집 아이와 비교하고 친구들과 비교하기를 멈추지 않는다. 경쟁에서 이기고, 좀 더 앞서 나아갈 수 있게 하려고, 우리는 사교육을 필수로 선택하는 사회에 살고 있다.

학교 공부만 하면 대학 입시에서 불이익을 받지는 않을까?

사교육을 하지 않으면 정말로 우리 아이는 사회의 낙오자가 되는가?

왜 모든 학생이 학원을 가야 하는가?

전교 1등에서부터 꼴찌까지 학원에 다녀야 하는 이유가 있는가?

그들의 학창 시절은 도대체 어떤 모습일까?

그렇게 하면 모두가 좋은 대학에 갈 수가 있는가?

좋은 대학의 기준은 무엇인가?

대학은 성공한 삶을 보장하는가?

졸업 후 좋은 직업을 갖게 되는가?

그 삶에 만족하는가?

누가 이 질문에 당당하게 대답할 수 있는가?

성공한 삶은 최고의 대학이나, 최고의 연봉이 아니다.

어느 곳에 있든 내가 그리던 삶을 산다면 그것은 성공한 삶이다.

사교육은 꼭 필요한가?

큰아이가 국제 학교에 다니면서 나는 외국의 교육 방식이나 운영을 보면서 많은 것을 배웠다. 한국에서는 반을 나눈다고 하면 먼저 우열반을 생각한다. 그리고 많은 학부모가 우려의 목소리를 낸다. 하지만 한 학급에서 우수한 학생을 기준으로 수업이 진행되는 현실을 어떻게 받아들일 수 있겠는가? 이런 교육 환경 때문에 우리는 미리미리 아이들에게 학습을 시키고 뒤처지지 않도록 사교육을 강요한다.

내가 생각하는 사교육은 수업을 따라가기 어려운 학생들을 위한 과외 지도이다. 때론 너무 똑똑해서 수업의 내용이 너무 쉬운 경우에 사교육을 통해 학생의 수준을 맞추고 발전할 기회를 부여할 수 있는 사교육이 필요하다.

1등을 하는 학생에서부터 바닥을 헤매는 학생까지 똑같이 사교육으로 내몰리는 이사회가 정상은 아닌 듯 보이는 것이 나만의 시각은 아닐 것이다.

학급 나누기

과목에 따라 반을 나누어 수업하는 것이 처음에는 생소하면서 걱정스러운 마음이 들었지만 얼마 가지 않아 기우라는 것을 알았다. 조금만 다른 면에서 생각해 본다면 쉽게 이해가 된다. 한 학급에 30~40명의 학생을 똑같은 수준으로 수업을 한다는 것이 오히려 불평등하다고 생각한다. 아이들 모두가 수업 내용을 이해하고 진도를 나간다는 것은 불가능한 일이지만 우리는 이것에 대해 심각하게 생각하지 않는다. 내가 이해한 교육의 방법이나 목표는 배움에 있어 모든 학생이 완벽하게 소화해야 하는 대상이 아니라 수준에 맞게 가르치고 수준에 맞게 이해하는 것에 초점을 둔다는 사실이다.

수학의 경우 초등학교에서는 3~5개 반으로 나누고, 중학교에서는 좀 더 세부화해서 반을 나눈다. 물론 같은 단원이지만 교재가 다르다. 예를 들면 함수를 배운다면 같은 개념이지만 학생 능력에 따라 수업의 깊이가 다르다는 말이다. 모든 학생이 같은 수준의 함수를 배우고 어려운 문제를 풀어야 하는 것이 아니다. 이해할 수 있는 수준까지만 배우면 되는 것이다. 배운다는 것은 새로운 것을 알고 이해하는 것이다. 이런 관점에서 모든 학생은 배움이 이루어졌다. 누구도 포기는 없는 것이다.

왜 우리는 수학을, 영어를 포기해야 하는가?

학급 대다수가 소수 몇 명의 학생들을 위해 침묵하고 수업시간에 굳이 잠을 자야 하는가 말이다. 왜 그들을 위해 들러리를 서야 하는가 말이다.

반을 나눌 수 없는 수업은 뒤처지거나 수업이 힘든 학생들을 위해서 수업 도우미가 수업 시간에 학생 옆에서 수업을 도와준다. 이런 수업이 가능하다면 사교육이 꼭 필요한 것이 아니라 선택이 될 것이다. 외국어도 수준에 맞게 학생들을 나누어 반을 구성한다. 학생 수가 적어 분반이 어려울 때는 그룹 수업을 통해 레벨을 나누어 수업을 진행한다.

이와 같은 수업이 실행되기 전에 전제되어야 하는 것은 학부모들이 분반에 대한 편견과 선입관을 버려야 한다.

"누구, 누구는 A반이고 누구는 C반이래" 이런 뒷말은 자제하여야 하고 해서도 안 된다.

나도 한국 문화 속에서 교육을 받았기 때문에 너무 궁금해서 친구 자녀의 수학반을 물어보았다. 그러면 " 왜 엄마는 친구 수학반이 궁금하냐고" 아이에게 반박을 받곤 했다. 학교에서 아이들이나 선생님 아무도 학생의 반을 궁금해하지도 않고 물어보지도 않는다. 다만 한국 부모만 궁금해한다. 자녀가 A반이 아닐 경우 A반으로 올리기 위해 노력한다. 사교육을 해서라도 A반에 들어가려 애를 쓰는 경우를 쉽게 볼 수 있다.

자녀 교육에 아낌없이 쏟아붓는다

홍콩에 정착할 당시 한국에서는 교육 전문가들 사이에 외국어 조기 교육에 대한 찬반 시비가 많았다. 지금도 많은 논쟁이 있지만, 그때도 심했던 것으로 기억한다. 나는 우리 아이들을 대상으로 실험을 하고 싶었다. 평범한 부모가 외국어 공부에 알맞은 환경을 만들어 준다면 어렵지 않게 배울 수 있다는 것을 우리 아이들을 통해 보여주리라 생각했다. 나처럼 게으른 엄마도 거뜬히 해낼 수 있다는 것을 내가 생각하고 있는 것이 맞는다는 것을 증명하기 위해 내 나름의 공부법을 시작했다.

사교육이 필수가 아닌 선택이 되는 사회를 만들고 싶었다.

공교육이 살아나는 사회를 만들고 싶었다.

그래서 부모님들이 안심하고 자녀를 학교에 맡길 수 있는 사회를 만들고 싶었다.

아이들이 즐겁게 공부하고 운동장에서 마음껏 뛰어놀 수 있는 환경을 제공하고 싶었다.

필자의 외침이 교육에 작은 파장을 만든다면 그것으로 충분하다. 모든 것의 시작은 아주 미미한 것에서 일어난다는 것을 나는 믿고 있다.

부모님들이 먼저 깨우치고 당당히 요구해야 한다.

우리 아이들을 위해서 교육 혁명에 한목소리를 만들어야 한다.

학교가 우리 아이들에게 어떤 교육을 하고 있는지 모니터링을 해야 한다.

학원이나, 사교육이 필요 없는 참교육이 이루어질 수 있도록 계속 요구를 해야 한다.

아이들의 개성을 존중하고 개발할 수 있는 교육, 각자의 자질을 갖고도 먹고 살 수 있는 사회가 되기를 바란다.

03. 내가 바라는 학교 교육

수시 전형을 마음 놓고 학교에 맡길 수 있는 학교

헌법 31조

1항, 모든 국민은 능력에 따라 균등하게 교육을 받을 수 있는 권리를 가진다.

2항, 모든 국민은 그 보호하는 자녀에게 적어도 초등교육과 법률이 정하는 교육을 받게 할 의무를 진다.

카운슬러 제도

학교는 학생들의 자질을 발견하고 개발할 수 있는 학교 카운슬러 제도를(학생들의 진로 상담, 직업 상담, 친구 관계) 운용해야 한다.

1, 학생들의 공부나 진학에 대해 어려움이나 문제점

2, 대학 진학을 포기하고 직업을 선택하는 경우

3, 학교 내에서 일어나는 친구와의 관계에서 일어나는 문제

4, 학교 폭력이나 괴롭힘

5, 도난이나 가정의 심리적인 문제

6, 성적 평가와 선생님에 대한 문제점 건의

카운슬러 제도는 상담 선생님이 학생들의 문제를 상담하고, 학생들을 모니터링 하는 제도이다. 막연하게 설치된 제도가 아니라 학생들이 문제가 있을 때 적극적으로 해결하고 학생의 관점에서 대변할 수 있는 곳이다. 문제가 발생했을 경우 빠른 대응과 학부모와 학교, 학생이 함께 해결책을 찾아서 확대되는 문제를 미리 방지하는 역할을 한다.

수시 전형을 하기 위해서는 중학교부터 학생의 진로에 대해 각별한 관심을 기울일 수 있는 자료가 마련되어야 한다. 수시 전형의 가장 중요한 것은 학생에 대한 평가가 공평하게 이루어질 수 있도록 학교의 감독이 강화되어야 한다. 불미스러운 일이 발생 시 벌점제를 통해 선생님에 대한 징계가 이루어져야 한다. 한 아이의 미래가 선생님의 편견이나, 잘못으로 무너지는 일이 없도록 경계하여야 한다.

학생이 선택할 수 있는 다양한 교과목

다양한 교과목을 개발하고 학교에서 교육의 기회를 마련하길 바란다. 수학이 필요하지 않은 전공에서도 수학 공부를 해야 하는 이유가 궁금하다. 모든 학생이 감당하지도 못하는 수학 문제를 가지고 시간을 허비하는 것은 국가적 손실이다. 수학을 좋아했고, 나름 공부했던 필자도 생활하면서 수학을 가지고 생활에 적용했던 기억은 없다. 자신이 좋아하는 과목으로 평가받을 수 있는 구조로 바꿔어야 한다. 전교 1등이 모든 과목을 다 잘한다는 공식은 받아들이기 불편한 진실이다. 학생들이 선택할 수 있는 과목의 폭을 넓히고 양보다 질적인 교육이 이루어져야 한다.

진로에 대한 질 높은 정보 전달

학생의 진로 상담은 학교의 중요한 역할이다. 진로와 미래의 직업의 상관관계를 설명할 수 있어야 한다. 강남의 돼지 엄마가 대학입시의 설명과 안내자가 되면 안 된다. 학교는 학생의 교육과 더불어 미래에 대한 청사진을 보여줄 수 있는 전문가가 되어야 한다. 고1 학생들의 직업 체험 등 프로그램을 발굴해야 한다. 진정한 공부가 무엇인지 고민할 수 있는 교육이 되어야 한다.

생활 기록부에 대한 공정한 평가

학생의 생활 기록부는 공정한 잣대로 이루어져야 한다. 성적표와 생활 기록부는 작성한 선생님이 책임질 수 있는 제도가 필요하다. 성적표나 생활 기록부에 대한 궁금한 사항이나 수정이 필요할 때는 바로 학교에 문의하고 반드시 결과에 대한 설명이나 해명이 이루어져야 한다. 교과목 선생님과 주임 선생님 확인이 있는 설명이 이루어져야 한다. 여러 제도를 가지고 조금이라도 잘못되거나 오해의 소지를 줄이는 방법이 시행되어야 한다. 생활 기록부 작성에 투명성을 확보하는 제도가 반드시 선행되어야만 수시 전형의 문제를 해결할 수 있다.

선생님과 학교에 대한 공정한 모니터링 제도

선생님과 학교의 모니터링은 학부모회의 중요한 임무이다. 학부모회는 학교의 전반적인 것을 관찰하고 건의해야 하는 의무가 있다. 학부모회의 구성원은 그 학교에 재학 중인 학부모이다. 각 반에서 몇 명씩 참석하는 모임이 아니다. 학부모회는 반과 학년을 떠나서 순수한 모임이 되어야 한다. 학교의 담임선생님과 연관된 일은 있을 수 없다. 학교의 발전과 학생의 교육과 안전에 대해 모니터링을 하는 것이 학부모회이다. 성적표나 생활 기록부가 정직하게 하기 위해서는 학부모회가 학년과 반으로부터 무관해야 한다.

학교의 성적 부정이나 문제가 발생하면 교육부는 문제가 사라질 때까지 그 학교에 대해 조사를 최소 5년 이상 하는 것을 제안한다. 입시에 대한 철저한 조사를 5년 동안 한다면 아마도 학교는 모든 일에 신중한 자세를 취할 것이다. 지금처럼 불미스러운 일이 발생하면 단기적인 조사로 마무리하는 것은 재발의 여지를 남겨 주는 것이다. 특히 성적표나 생활 기록부의 조작일 경우 5년 이상 입시에 대한 철저한 조사를 벌이고 학교에 대해 지원을 삭감한다면 공정한 평가가 가능하다고 확신

한다. 앞의 조건들이 전제된다면 사교육에 덜 매달리는 사회가 될 것이
다.

Chapter 08
부모가 똑똑할 필요는 없다

01. 엄마의 귀를 닫아라.

나는 아줌마 수다에 익숙하지 않다. 사실 잘 어울리지 못한다. 드라마도 잘 보는 편이 아니라서 아이들 교육에 관련된 이야기를 할 때면 나 혼자 왕따가 된 기분이 든다.

홍콩에 도착하고 남편이 나에게 당부한 말은 한 가지이다.

"말조심해야 해."

"이곳은 좁은 곳이기 때문에 소문이 금방 나거든."

"무슨 말을 조심해요."

"아줌마들 만나면 이런저런 수다 떠는 것은 다 똑같은데"

처음에 나는 남편의 말을 잘 이해할 수가 없었다. 홍콩 생활이 시작되고 오래지 않아 남편의 말을 알게 되었다. 몇 다리만 거치면 많은 이야기들이 들렸다. 어느 젊고 용감한 엄마의 이야기도 그중에 하나이다. 만날 때마다 남편 회사 지점장의 흉을 본다. 심하다 할 정도로 많은 흉을 보니 듣는 내가 멋쩍을 때가 많았다. 사실 젊은 엄마가 입에 거품을 물고 흉을 보는 지점장은 나의 친한 친구의 남편이었다. 중간에서 친구에게 말을 전할 수는 없었다. 다만 젊은 엄마에게 회사에 관련된 말은 하지 않는 것이 좋다고 여러 번 말을 했다. 별 효과는 없었지만, 남편의 말에 나는 더욱 조심하였다.

아이들 교육에 관한 이야기도 마찬가지다.

어느 집 아이가 낮은 레벨을 끝내고 높은 레벨 수업을 받는다고 한다.

어느 집 아이가 상을 받았다고 한다.

어느 집 아이가 레슨을 한다. 등등

학부모 모임은 주로 이런 대화가 주를 이루었다. 나는 별로 말할 것도 없었고, 내세울 것도 없었다. 한국이라면 우리 아이는 꼴찌였기 때문이다. 교육에 대해서는 그때나 지금이나 모든 부모님의 첫 번째 관심사이다. 본인의 아이가 좀 더 탁월하기를 기대하고 가능한 경제적인 투자를 멈추지 않는다. 아니 가능하지 않다고 하더라도 신기루를 잡으러 달려가는 사람처럼 맹목적으로 자녀 교육에 시간과 비용을 쏟아붓는다. 학교 한국 학부모 모임이 있는 날이면 학교 공부와 시험 그리고 레슨에 관련된 정보들을 주고받는다.

"지난번 시험 성적이 나왔어요."

"학교 과제는 언제까지 내야 해요."

"지난주 한국 학생이 문제를 일으켰데요."

"레슨 선생님 좀 소개해줘요."

"애들을 그룹으로 레슨을 하면 어떨까요."

"방학 동안 한국에서 어떤 학원에 등록 할 거예요." 등등

모임이 끝나고 집으로 가는 길에 나는 갑자기 조급함이 밀려온다.

방임할 수 있는 용기

"이렇게 아이들을 내버려 둬도 괜찮을까?"

"빨리 레슨 선생을 찾아봐야 할 것 같은데…."

"우리 아이만 경쟁에서 멀어지는 것 같아 걱정이 밀려오기 시작한다."

학부모 모임 후 3~4일 지나면 나는 다시 일상으로 돌아온다. 달라진 것은 하나도 없지만, 엄마들의 조언이 더는 나를 조급하게 만들지 않는다. 엄마의 불안한 감정이나 생각은 자녀에게 지나친 간섭이 되는 경우가 많다. 지나친 간섭이나 보호보다는 차라리 방임하는 엄마가 더 나은 것 같다. 방임하는 엄마는 자녀가 자율적으로 나아갈 수 있는 능력을 만드는 기회를 제공할 수 있다. 학부모 모임에서 얻은 정보는 도움이 되기보다는 잘못된 결정을 부추기는 결과를 낳는다.

가능한 사적인 모임은 자제하는 것이 자녀 교육에 도움이 된다. 자녀에 대해 가장 잘 알고 있는 엄마는 가능한 객관적인 시각으로 자녀를 판단해야 한다. 자녀가 필요로 하는 것을 마련해 주고 오랜 시간 관찰하는 자세가 필요하다. 한 인격체로서 자녀를 바라보고 기다릴 줄 아는 엄마는 최상의 자녀 교육을 하는 것이다.

홀로 당당하게

나처럼 사교육에 열성적이지 않은 엄마도 거뜬히 해낼 수 있다는 것을, 내가 생각하고 있는 것이 맞는다는 것을 증명하기 위해 내 나름의 새로운 공부법을 시작했다.

교육 관련하여 홍수처럼 널려있는 자료와 정보들이 우리 자녀에게 미칠 영향을 먼저 생각해야 한다. 날마다 새로운 학습법과 누구는 어떻게 공부하였다는 책들을 접하면서 실천 가능한 방법을 뽑아낼 수 있는 안목을 키우는 것도 필요하다. 적절한 상황들을 이해하고 적용하는 기술을 길러야 한다. 실패한 방법들을 분석하는 것도 엄마의 몫이라 생각한다.

옆집 엄마의 이야기는 이야기로써 끝내라. 또래 엄마 모임은 자녀 교육에 도움이 되기보다는 스트레스와 부작용을 더 가져올 수 있다. 부모는 책을 읽거나 방송, 인터넷을 통해 스스로 찾고 공부해야 한다. 많은 정보를 수집하고 자녀에게 맞는 방법을 찾아야 한다. 들려오는 많은 정보 속에서 허우적거리다 보면 아이들은 어느새 입시의 코앞에 있다. 부모가 옳은 결정을 내리면 흔들리지 말고 꾸준하게 계획을 실천할 수 있도록 잠시 엄마의 귀를 닫아 두어라. 성실한 실천은 우리 어깨너머에 우리가 예상하지 못한 큰 선물을 준비하고 있다.

02. 나의 노후가 불안하다.

교육에 있어서 우리가 애쓰는 것은

젊은이에게 먹고사는 방법을 가르치려 함이 아니라

인생을 사는 방법을 가르치려 함이다.

－윌리엄 앨런 화이트－

아이 이름으로 교육보험을 들라고 보험 설계사가 나를 재촉한다.

지인의 소개로 보험 설계사가 나에게 교육보험에 관해 설명했다.

나는 교육 보험에는 별 관심이 없다.

내가 관심이 있는 것은 연금 보험이다.

설계사는 좀 의아한 표정으로 연금 보험에 관해 설명하기 시작했다.

연금보험과 교육보험

첫째가 태어나고 얼마 지나지 않았을 때, 지인의 소개로 보험 설계사를 소개받았다. 보험 설계사는 나에게 교육보험에 대해 여러 가지를 설명했다. 그 당시 부모는 자녀 교육 보험을 제일 먼저 들었다. 보험 설계사의 설명을 듣고 나서 나는 연금 보험에 관해 질문했다. 내가 궁금한 것은 교육 보험이 아니라 연금 보험이라고 덧붙였다. 듯 밖의 나의 말에 수긍은 하지 않았지만, 자료를 뒤적이며 연금 보험에 관해 설명했다. 보험 설계사는 첫 아이를 위해 교육 보험에 가입하라고 권유하기 위해 교육 보험에 대한 자료를 준비해 왔었다. 나는 교육보험에 가입하기 전에 노후를 위해 연금보험에 먼저 가입했다. 큰돈은 아니지만, 노후에 대해 대비를 먼저 하는 것이 더 중요하다고 생각했기 때문이다. 내가 노후를 먼저 걱정했던 것은 우리 아이가 나를 돌볼 수 없다는 것을 전제로 했다. 자녀들이 성장해서 직장을 가지고 자신의 삶을 산다 해도 이사회에서 살아가는 것이 여유롭거나 풍족한 것은 쉽지 않다는 것을 잘 알고 있기 때문이다. 의료 기술의 발전과 IT 산업의 기술력은 생명의 연장을 가져왔다. 자녀를 키우는 부모 세대는 이제껏 경험하지 못한 가장 긴 노후를 맞이하게 되었다. 다시 말하면 예상할 수 있는 긴 노후를 대비해야 하는 세대다.

노후 준비는 빠를수록 좋다

자녀가 부모보다 더 나은 삶을 살기를 원하는 부모들이 선택한 방법은 자녀 교육에 최선을 다하는 것이다. 자녀 교육을 위해서는 엄청난 비용을 써야 한다는 것을 부정하는 부모는 많지 않다.

수명이 연장되면서 건강과 금전적인 문제들이 더 많이 발생하게 된다. 매스컴이나 방송을 통해 이런 사실을 모르는 사람은 많지 않다. 알고 있음에도 우리는 매우 급한 상황이 되기 전까지는 준비의 필요성을 깨닫지 못한다.

자녀 교육에서 사교육을 전적으로 부정하지는 않는다. 자녀를 둘러싸고 있는 환경이 제각각이기 때문에 가장 합리적이고 경제적인 선택을 해야 한다. 부모는 공부에 전혀 관심이 없는 아이를 사교육을 통해 좋은 성과를 기대하지만, 현실은 쉬운 것이 아니다. 학원의 과장 광고가 사회 깊숙하게 들어와 있기 때문이다. 내 의지에 의한 걱정이 아니라 사회가 나의 무의식 안에서 불안을 만들고 있다.

방송에서 종종 고독사에 관련된 기사를 본다. 언젠가부터 우리는 늘어난 수명에 대해 기쁨보다는 어떻게 살 수 있을까를 고민하기 시작했다. 젊은 시절에는 오직 자녀 교육에 비용과 노력을 기울였다. 자녀가 성장하고 대학을 졸업할 무렵에는 취업 전선에 뛰어드는 자녀를 위한 비용도 감수해야 한다. 취업이 가능해지면 우리 부모들은 자녀의 결혼 자금을 마련하기 위해 살던 집을 정리하고 작은 집으로 이사한다. 집을 줄이든가 전세금을 줄이는 방법으로 자녀 결혼을 준비한다.

문득 자신을 돌아볼 때는 세월의 시간을 고스란히 말해주는 연약한 육체가 있을 뿐이다. 예전에 느끼지 못한 통증들이 몸 구석구석 나타나기 시작한다. 갑자기 찾아온 공허함과 육체의 노화는 자괴감마저 들게 한다. 자녀 교육에 모두 투자한 부모라면 더욱 심리적 어려움에 빠진다.

만약 경제적으로 어렵다면 더욱 자신을 슬프게 만든다. 성장한 자녀들은 자신들의 삶도 녹록하지 않은 사회에서 살아남기 위해 최선을 다하느라 부모를 돌볼 여유조차 없다. 사회 현상을 잘 알고 있는 우리 부모 세대는 자녀에 대해 기대나 희망을 품을 수 없음을 잘 알고 있다. 누구도 원망할 수 없는 선택을 한 부모들은 자녀 교육에 몰입하는 것이 얼마나 어리석었음을 알게 되고, 결국 스스로 노후를 맞이한다. 자신의 노후보다는 자녀교육에 대한 투자를 선택한 부모는 누구에게도 화살을 돌릴 수 없다. 자녀 교육에 몰입하다 보니 자신의 노후에 대해 설계를 하지 못한 부모들은 경제적 어려움으로 더욱 비참한 생활을 해야 한다. 사회가 감당하는 복지는 아직 한국에서는 먼 나라의 이야기다. 나의 노후는 내가 책임져야 하는 시대다.

당당한 부모에 손뼉 친다.

필자는 부모의 능력과 자녀 교육에 대한 투자는 적당한 선에서 이루어져야 한다고 생각한다. 한국의 교육열은 중심에서 많이 벗어나 있다. 모든 부모가 자녀를 좀 더 나은 생활을 위해 대학을 가야 한다는 착각에 빠져있다. 그런 생각이 올무가 되어 자녀를 파괴한다는 것을 아는 부모는 많은 것 같지 않다.

부모들은 합리적인 사고를 지녀야 한다. 냉정함 속에서 올바른 판단을 해야 한다. 스스로 자신을 우선으로 하는 습관을 지녀야 한다. 자녀들에게도 부모의 책임뿐만 아니라 권리도 있다는 사실을 자주 일깨워야 한다. 부모는 자신의 노후를 위해 먼저 비용을 감당하는 것이 당연하다는 사실을 인정하고 받아들여야 한다. 자녀는 만20세가 되면 독립해서 살아갈 수 있도록 능력을 키워야 한다.

필자의 이러한 생각은 아이들이 어렸을 때부터 자주 들려주었던 이야기라 지금 우리 아이들은 부모로부터의 도움을 기대하지 않는다. 직장을 가진 이후 월급이 적고 많음에 관계없이 여행 경비를 받았다. 주위의 사람들은 나의 이런 행동에 대해 너무 심하다고들 말한다.

자녀에게 재산을 물려줄 수 있는 부모라면 더없이 좋다. 하지만 재산을 물려주는 것보다는 스스로 도움 없이 독립해서 살 수 있는 능력과 책임감을 느끼게 하는 것이 더 중요하다고 생각한다. 필자는 아이들에게 결혼도 스스로 벌어서 하도록 얘기한다. 부모는 최소한의 비용을 지원한다고 했다. 형편에 맞는 결혼이 되어야 한다고 강조한다.

가정은 구성원이 함께할 때 비로소 행복을 느낄 수 있는 장소이다. 더욱이 자녀의 교육을 위해 기러기 아빠가 더 생기지 않는 사회가 되기를 바란다. 자녀 교육을 핑계 삼아 부부가 떨어져 사는 것은 좋은 선택이 아니다. 부부가 우선시 되는 가정이 더 행복할 수 있다는 것을 독자들이 이해하기를 기대한다. 자녀들 역시 어린 시절을 부모와 함께 공유하는 것이 바람직하다. 지나간 세월은 누구도 되돌릴 수 없기 때문이다. 바람직한 가정의 구성원은 부부와 자녀이다.

언제부터인가 우리 사회에서 기러기 아빠의 생활이 너무도 자연스럽고 당연한 듯이 느껴졌다. 능력이 되지 못해 기러기 아빠가 될 수 없는 우스운 현상을 쉽게 접할 수 있다. 조기 해외 유학의 실패한 많은 사례보다는 소수의 성공한 사례들이 널리 알려졌다. 옛말에 낳은 정보다는 기른 정이란 말이 있다. 어린 시절 부모와 떨어져 자란 아이들은 우리가 잘 모르는 문화의 영향을 받고 생활한다. 조기 유학의 기간이 길어질수록 부모와의 문화적 차이는 가족 간의 불화를 일으키는 근본이 된다. 아이 행동이나 말투는 자녀를 이해하기보다는 부모를 화나고 힘들게 한다. 부모가 어렵게 벌어서 보내준 학비와 생활비에 대한 감사의 마음을 기대하지만, 서구의 문화에 익숙한 자녀들은 감사보다는 당연하게 받아들인다. 때론 부모의 지나친 열정에 힘들어하기조차 한다. 자녀뿐만 아니라 부부간의 문제도 발생한다. 기러기 아빠와 외국에서 아이들을 돌보며 생활하는 아내들도 각자의 변명을 하고 있다. 떨어져 있으면 멀어진다는 옛말은 우리에게 부부가 가능한 한 함께 생활하는 것이 중요하다는 것을 말하고 있다.

이런 관점에서 자녀 교육 시에도 경제적인 측면을 고려해야 한다. 가장 합리적인 투자가 이루어질 수 있도록 자녀를 충분하게 관찰하고 각 가정에 적용할 수 있는 맞춤형 지도가 필요하다. 많은 부모가 기러기 아빠를 자처하고, 감수하고 있는 사회 현상이 정말 이해하기 어렵지만, 딱히 적절한 해결책을 제시할 수 없는 현실이 답답할 뿐이다. 이제는 부모들이 당당하게 자신들의 인생을 설계하고, 즐길 수 있는 노후를 먼저 생각하기를 바란다. 자녀를 위해 희생했다는 말에 고마움보다는 부정적인 태도를 보인다.

성장한 자녀는 부모의 당당함에 박수를 보낸다.

03. 거실을 서재로 만들지 마라.

조선일보는 2007년 거실을 서재로 만드는 캠페인을 벌였다.

거실에 티브이를 없애고 그 자리에 가족이 모여 책 읽는 습관을 길러주기 위한 것이다. 이 캠페인은 공감대를 형성하는 많은 사람으로부터 호응을 받았다. 매스컴과 신문 잡지 등에 관심을 가지고 호응하였고 많은 가정에서 거실을 바꾸는 공사가 진행되었다.

아이들 방학 때마다 한국에 가면 아파트 거실 창문 너머로 서재로 바뀐 거실을 종종 본다. 환하게 불이 켜진 서재는 한쪽 벽이나 양쪽 벽이 책꽂이로 되어있다. 책꽂이에는 많은 책이 빽빽이 책장을 메우고 있다. 얼핏 짐작하여도 책 구매에 큰 비용이 들어갔음에 틀림이 없다. 가정이 부부와 자녀의 공동체가 아니고 자녀 중심의 사회가 되고 있다.

거실은 어떤 역할을 하는 공간인가.

동네가 떠나갈 것 같은 소리로 노래를 부른다. 내가 알고 있는 노래는 늘 한정되어 있다. 감정을 넣어 1시간 정도 부르면 어김없이 남편이 와서 마이크를 뺏는다. 남편도 본인이 알고 있는 노래를 마치 가수가 된 것 같은 착각에 빠져 한껏 부른다. 옆에서 남편의 노래하는 모습을 보면 내가 부를 때를 짐작할 수 있다. 잠시 후 공부를 하고 있던 아이들이 차례로 나와서 마이크를 전달받고 노래를 부른다. 다들 본인들이 알고

있는 노래를 부르고, 가끔은 듀엣곡이 나오면 어디선가 나타나 화음을
맞추기도 한다.

첫째가 중학교 때 내 생일 선물로 직접 만든 노래방책을 선물 했다.
엄마 아빠가 좋아하는 노래의 가사를 프린터로 카피해서 폴더에 끼워
노래방 책을 만들었다. 집에 있는 오디오 앰프와 마이크를 연결하고 딸
이 선물한 노래책으로 우리 가족은 자주 노래를 불렀다. 그 당시 우리
는 최신의 기계를 사용하여 집에서 노래하였다. 몇 년 후 한국에서 사
온 노래방 기계로 우리는 본격적으로 노래를 했다.

가족이 함께 모여 영화도 보고 뉴스도 보면서 정치와 사회 경제 문화
에 대한 전반적인 것들을 가지고 대화할 수 있는 공간이다. 거실은 노
래를 부를 때는 음악실로, 영화를 볼 때는 영화관으로, 게임을 할 때는
오락실로의 기능을 한다. 명절 때마다 함께 모여 윷놀이나 게임을 한
다. 가끔은 지인을 초대해서 식사하고 담소도 나눈다. 가능하다면 밖에
서 식사하기보다는 집에서 손님을 대접하는 것이 아이들에게도 좋은 사
회 훈련이라 생각한다. 더불어 사는 모습을 보여주고 베풀 수 있는 여
유를 보여줄 기회라 생각한다.

왜 거실이 서재가 되어야만 하는가?

부모가 당당하게 쉬어야 할 공간을 어린 자녀를 위한 공간으로 만들

어 버렸다.

직장에서 돌아온 지친 아버지는 어디서 휴식을 취할 수 있을까?

부부의 공간은 어디에 있는가?

자녀들은 부모가 만족할 만한 독서 생활을 유지하는가?

부엌을 안방으로 만든다면 얼마나 정신이 없을까?

옛것을 고집하고 유지해야 한다는 것은 아니다. 새로운 것을 도입하기 전에 우리는 많은 고민이 앞서야 한다는 것이다. 거실을 서재로 만들었을 때 많은 장점이 있다면 충분한 이유가 된다. 가정이라는 울타리는 가족 구성원이 참여하여 결정해야 하는 공동체이다. 일시적인 사회의 유행에 민감할 필요는 없다.

내가 생각하는 공부방 꾸미기

자녀들의 독서나 공부에 도움을 주기 위해 집안에 변화를 주어라.

자녀의 공부방을 공부할 수 있는 최상의 방으로 꾸며라.

획일적인 공부방 인테리어에서 벗어나라.

(책상을 방 한가운데에 놓을 수도 있다)

가끔 공부방의 분위기를 바꿔라.

칠판을 벽에 걸어 놓는 것도 한 방법이다.

책을 읽을 수 있는 카페 같은 분위기도 추천한다.

거실을 서재로 만들고 좋은 결과에 만족하는 부모도 있을 것이다. 문제는 대부분 사람이 유행에 따라 행동하는 것이다. 이것이 자녀에게 제일 나은 방법인가? 가족과의 관계에 미치는 영향은 어떤가에 대한 고민이 있어야 한다.

특별한 이유가 있는 것을 제외하고는 각각의 기능과 역할이 있다. 가정에서 집은 가족이 함께 생활하고 휴식하는 공간이다. 거실은 가족이 함께 얘기를 나누는 공간이다. 좋은 영화를 감상하고 토론하는 곳, 가끔은 떠들고 뒹구는 사교장이다. 필자는 거실이 제 역할을 다하는 집에 건강한 가정이 만들어진다고 생각한다.

거실은 가족이 함께 휴식하고, 친밀한 관계를 유지하고 발전시킬 수 있는 중요한 공간이다. 더불어 작은 사회를 경험할 수 있는 좋은 장소이다. 최상의 선택이 될 수 있도록 부모와 자녀는 함께 고민하고 실천하기를 바란다.

새해만 되면 나는 한 해의 계획을 세우고 10년, 20년 단위로 큰 그림을 그린다. 매년 반복되는 이 행위는 나이 50을 넘기면서부터 부질없음을 깨달은 탓인지 시들해져 이제는 더는 계획을 세우지 않고 있다. 그렇다고 젊은 시절 내가 세웠던 계획이 이루어지지 않았다는 말은 아니다. 내가 이렇게 출판을 하고 남은 삶을 글쓰기에 전력하려는 것도 수없이 적었던 계획 중의 하나이다. 매사에 도전과 시작을 겁 없이 하던 나였기에 솔직하게 글을 쓰는 것이 그리 놀라울 일은 아니었다. 자녀교육에 대한 경험을 나누는 것에도 의미가 있지만, 아이들이 성장한 후에 책 쓰는 일에 전념하겠다는 소망이 이루어져 기뻤다.

내가 아이를 교육하고 생활한 환경이 일반적이지 않다는 것은 알고 있다. 그러나 교육을 함에 있어 기본이 되는 기준과 마음가짐은 누구나가 공감할 수 있는 내용이다. 가능한 사교육을 배제하고 특정 대학을 목표로 하지 않았다는 것이다. 아이가 스트레스를 느끼지 않고 지낼 수 있도록 부모의 욕심을 최대한 내려놓으려고 나름 노력했다. 한국 사회에서 부모가 자녀 교육에 대해 욕심을 내려놓는다는 것이 쉽지 않다는 것을 잘 알고 있다. 대중의 심리에서 벗어난다는 것은 용기뿐만 아니라 때로는 손해도 감수해야 한다. 내가 실천했던 방법들은 나름 최신의 교재와 교구를 사용했지만, 지금 교육 현장에서는 적절하지 않은 것이 많다. 나의 경험을 통해 직접 자녀교육 방법을 찾을 수 있기를 바란다. 과거보다 교육에 적용할 수 있는 좋은 교육 재료들이 쏟아져 나왔다. 자녀와 함께 소통하면서 진정한 행복을 만드는 것이 공부가 아닌 교육이라는 사실을 깨닫는 기회가 되었으면 한다. 이 책을 읽는 독자들이 자녀 교육의 새로운 노하우를 얻기를 바란다. 부모는 언제나 자녀를 위한 약간의 시간을 비워두자. 생각의 전환이 필요한 때이다. 가족의 행복과 자녀의 미래를 위해 인생의 목표를 다른 각도에서 바라보는 자세가 필요하다.

출판사와 계약을 하고 매일 글을 쓰면서 내가 정한 원고 마감 날짜를 지키려고 노력하였다. 집안의 이런저런 일로 마감 날짜를 넘기고 나니 맥이 빠져 거의 완성한 글을 다듬지 못하고 시간만 보냈다. 항상 그랬듯이 나의 일은 가정에서 맨 마지막 순서였다. 그러나 세월의 연륜은 나에게 삶의 지혜를 주었다. 자신에게 조급해서 감당할 수 없는 올무를 지우지 말자. 내 일을 할 때도 내가 만든 목표로부터 욕심을 내려놓는 것이 무엇보다도 중요하다는 것을 책을 쓰면서 얻은 큰 수확이다.

책을 쓰는 동안 옆에서 큰 힘이 되어준 남편에게 큰 감사를 드린다. 내가 넋두리를 할 때마다 칭찬으로 용기를 준 두 딸에게도 감사를 보낸다.